Ruth Eder
Golden Oldie Evergreen

Ruth Eder

GOLDEN OLDIE EVERGREEN

ROMAN

EDITION
Noack
Block

Umschlagabbildung: Promenade von Nizza – tichr © stock.adobe.com

Handlung und Personen sind erfunden. Etwaige Ähnlichkeiten mit lebenden Personen sind rein zufällig.

ISBN 978-3-86813-146-8
ISBN E-Book 978-3-86813-907-5

Herstellung durch Frank & Timme GmbH,
Wittelsbacherstraße 27a, 10707 Berlin.
Gedruckt auf säurefreiem, alterungsbeständigem Papier.

www.noack-block.de

INHALT

TEIL 1
KOMFORTZONE

KAPITEL 1
HOMEOFFICE

Die Moderatorin meines Lieblingssenders »Oldies but Goldies« senkte verschwörerisch die Stimme: »Und jetzt spiele ich ihnen, liebe Hörerinnen und Hörer in und um Berlin, einen Klassiker vor, einen jener guten, alten Schlager aus den 70ern, den sie sicher alle noch kennen …«, und schon setzte die Musik ein.

»Mit siebzehn hat man noch Träumööö …, da wachsen noch alle Bäumöö … in den Himmöl der Lieböööö …« Ach, du meine Güte! Peggy March hieß die doch. Der Name dieser Ami-Schnulzensängerin fiel mir augenblicklich ein. Und das nach einem halben Jahrhundert. Hörten wir 68er nicht ausschließlich den US-Soldatensender AFN und später bestenfalls Ö3? Vor dem Schlagerhit der 17-Jährigen gab es dennoch kein Entkommen. Und heute grölte ich doch tatsächlich lauthals mit, sogar der dümmliche Text stand mir noch glasklar vor Augen. Hoffentlich hatte ich mein Bürofenster zugemacht.

Wir Mädels trugen damals alle – genau wie diese Peggy – weite, knielange Röcke, knallenge Gürtel, Ballerinas und unter den Röcken lugten Petticoats hervor. Meiner war aus rosa Schaumgummi … In einem Blatt, das ich angeblich nur beim Friseur las, hatte ich kürzlich mitgekriegt, dass Peggy inzwischen richtig dick war, ihren Manager von damals geheiratet hatte und irgendwo in den USA lebte. Vermutlich reichten die Tantiemen aus Germany noch immer für ein sorgenfreies Leben.

Es schüttete seit Tagen. Ich saß vor meinem Computer und versuchte, mich zu konzentrieren. Rechnungen schreiben ist ja eigentlich etwas Erfreuliches. Aber nicht, wenn meine Klienten, vorzugsweise Frauen in meinem Alter, die Coaching-Honorare monatelang nicht überwiesen. Ich blieb deshalb ab und an auf den Kosten für meine schicke Lebensberatungs-Praxis in Berlin-Mitte sitzen, was einem Therapeuten mit Kassenzulassung nicht passieren konnte. Ich sage zwar immer »Wer nix wird, wird Coach«, aber meistens konnte ich doch recht angenehm davon leben. Ich hatte ja immerhin eine fundierte akademische Ausbildung, samt klinischen Praktika, Lehranalyse und Titel vorzuweisen. Hauptsache, das Finanzamt würde mir nicht noch einen dicken Strich durch die Rechnung machen.

Inzwischen suchten etliche meiner Klientinnen lieber Rat und Hilfe in diesen dümmlichen Internet-Foren. Diese *communities* gaukeln uns *silver surfern* vor, dass man ganz leicht sein Leben »optimieren« könne. Dabei verschwiegen sie, dass bei den meisten mindestens eine Hüfte beim Yoga und beim Joggen schmerzte, so wie meine rechts. Oder dass man neuerdings eine bescheuerte Gleitsichtbrille brauchte. Von den Zahnarztkosten ganz zu schweigen. Vom Optimierungswahn, der – wenn ich ehrlich bin – auch meine Rechnungen bezahlte, sind vor allem Frauen befallen: Die meisten Männer hingegen werden ungeniert älter, fett und glatzig und im Bett läuft dann halt auch kaum mehr was. Nur die Frauen strampeln sich ab. Haben wir solche Angst vor dem Alleinsein?

Was mich betraf, war ich allerdings fein raus, denn ich war seit etlichen Jahren Single und das Alleinsein längst gewöhnt.

Leider drängte sich mein 70ster Geburtstag allmählich in den Fokus, wie sehr ich mich auch bemühte, das peinliche Datum zu ignorieren. Ob ich den nahenden »Runden« einfach trotzig und fulminant feiere? Als eine Art Wendepunkt?

Aber vielleicht sollte ich mir lieber erst mal etwas Isometrik auf dem Bürostuhl verordnen, anstatt steinalte Schlager zu singen. Denn meine Knie signalisierten mir, dass sie längeres Sitzen nicht mehr goutierten und insbesondere gegen mein Tennismatch von gestern protestierten. *Stop and go* war nicht mehr so ihr Ding.

Inzwischen quatschte die Moderatorin mit der tiefen Stimme leider ausgerechnet in *Good Vibrations* von The Beach Boys hinein. »Wer diesen Sender hört, ist wirklich alt«, war es meinem Neffen Martin kürzlich herausgerutscht, obwohl er sonst sehr zartfühlend ist. Schließlich ist er Zahnarzt und hat mit vielen ältlichen Patienten zu tun. Ok, manchmal höre ich mir auch den ollen Gottschalk auf Bayern 3 an. Er moderiert ja jetzt wieder beim Radio. Der konnte auch nicht aufhören, genau wie ich. Ich stand vorsichtig auf und holte mir in meiner Designer-Küche den nächsten Kaffee, den guten, vertrauten, aufgebrühten. Nichts aus Kapseln. Da bin ich eigen. Plötzlich klingelte mein Handy. Das musste jemand jüngeres sein, die Älteren riefen alle lieber noch am Festnetz an. Martin war dran. Mein hellblonder, fast zwei Meter großer Neffe mit dem großen Herzen. Eigentlich ist er eher sowas wie mein Sohn. Denn als meine Schwester mit ihrem Mann bei einem Autounfall umkam, war er gerade mal 13 und ich nahm ihn zu mir, bis er mit der Schule fertig war und zum Studieren nach London ging. Dort ist er dann zum Glück nicht geblieben und praktiziert heute als Zahnarzt in einer gutgehenden Praxis ganz in meiner Nähe in Mitte. Totarbeiten will er sich aber keinesfalls, er möchte sein Leben genießen und strebt deshalb eine gute *job-life balance* an mit sehr viel Freizeit. Von mir hat er das nicht.

»Hallo *aunty*, mir ist grad eingefallen, dass du bald einen runden Geburtstag feierst«, sagte er in seiner gut gelaunten Art, die stets gleich zur Sache kommt.

»Was planst du denn so für diesen schönen Ehrentag?«

»Nix!« Gesprächig machte mich das Thema nicht.

»Aber das geht doch nicht, Tantchen, ... Hör' mal, wenn du noch nichts vorhast, habe ich eine gute Idee: Um mich endlich einmal für alles zu bedanken, was du für mich getan hast, lade ich dich zu einer kleinen Reise nach Nizza ein. Ich war doch letztlich mit Pam dort und es war sehr malerisch. Außerdem habe ich gestern auf Netflix die alte Schmonzette *Über den Dächern von Nizza* gesehen – ich glaube mit diesem Cary Grant ... Hast du nicht mal für den geschwärmt? Saucooler Typ!«

Ich atmete tief durch. Nach Nizza – Du meine Güte!

»Und der Strand ist auch sehr schön und gepflegt, zumindest der vor den teuren Hotels. Ich würde mich auch nicht lumpen lassen ... Sag' ja, Tantchen!!!« Er lachte dieses glucksende Lachen, das er schon als Junge an sich gehabt hatte. Natürlich konnte ich ihm, wie immer, kaum widerstehen.

»Das ist aber eine unglaublich süße Idee von dir, ich bin ganz gerührt«, sagte ich, um Zeit zu gewinnen. »Ich bin im Moment aber sehr eingespannt. Ob ich überhaupt ... hmm ... weg kann?«

»Ist ok, keine Eile, ich buche dann, wenn du mir zugesagt hast«, meinte mein Neffe. »Bis bald denn, tschüss!« Er war es gewohnt, sich bei mir durchzusetzen.

Gegen Abend fuhr ich noch in meinen Tennisclub, in den ich mit Mitte Dreißig – frisch geschieden – eingetreten war. Netzwerken fand damals in Nobel-Clubs und nicht im Internet statt. Schon ein Weilchen her. Außer zweien haben es alle tennisspielenden Ehemänner bei mir versucht, einer schob mir sogar vor der Nase seiner Frau einen Zettel mit seiner Büro-Telefonnummer zu. Ich war absolut nicht in Versuchung zu bringen und nach einer Weile legte sich das Interesse am neuen Club-Mitglied wieder, zumal ich den Ehefrauen, mit denen ich in der Mannschaft spielte, kein Sterbenswörtchen verriet.

Sollte ich nun das großzügige Angebot von Martin annehmen oder nicht? Die nette Club-Wirtin stellte mir einen exzellenten Cappuccino hin, wie immer, wenn ich eintraf. Eigentlich bin ich ja eher der Urlaubs-Typ für verwunschene Bergseen, Kuhglockengebimmel und satten Almen voller Wiesenblumen. Bayern, Österreich, Schweiz eben. Allenfalls noch Gardasee samt Wellness. Strand, Sand und Palmen sahen für mich überall gleich aus und Wind, Salzwasser, gleißende Hitze und Sand in der Bikinihose mochte ich sowieso nicht.

Und nun lud mich mein »Kleiner« ausgerechnet an die Côte d'Azur ein. Konnte ich da nein sagen? Also fing ich nach meinem üblichen Freitags-Damendoppel spät abends noch an, mir im Internet Nizza genauer anzusehen: Die berühmte, palmengesäumte *Promenade des Anglais* am Strand, wo dieser schreckliche Terror-Anschlag mit dem LKW ausgeübt worden war. Den Prachtbau des Grandhotels *Le Negresco*, der in zahlreichen Filmen Stars wie Cary Grant beherbergt und die Kulisse abgegeben hatte. Ach ja, Cary Grant – so einer wäre sogar heute noch meine Kragenweite. Und eher kein pensionierter Gymnasialdirektor mit Magengeschwüren, wie mein ehemaliger Verehrer und mittlerweile bester Kumpel Friedrich einer ist. Aber in meinem Alter standen Männer vom Schlage Cary Grants leider nicht mehr bei mir Schlange. Außerdem war der Schauspieler schon lange tot.

Am nächsten Tag war ich denn auch mit Busenfreund Friedrich zum Abendessen verabredet. Mit ihm teilte ich immerhin bestimmte Vorlieben der gehobenen Bourgeoisie: Wir gingen zusammen ins Theater und auch dann und wann in die Oper, obwohl ich nicht gern so lange sitze. Wir wanderten auch mal in den Bergen und Friedrich war der Ansicht, dass ihm diese Art von Nähe genügte. Alles weitere zwischen Männern und Frauen habe er jetzt wegen all dem Stress irgendwie ad acta gelegt, meinte er.

»Lass uns unsere schöne Freundschaft nicht mit Sex verderben«, sagte er und ich war froh, dass er so dachte.

Kürzlich hatte er mir doch glatt auf Whatsapp ein Foto von seinem letzten Wanderurlaub in der Toskana geschickt, wo er – angetan mit einem Panamahut und Knickerbockern, aus denen dünne, haarlose und schneeweiße Waden ragten, sowie einem keck um den Hals geschlungenen, bunten Halstüchlein und einer kreisrunden Sonnenbrille – sehr gravitätisch in die Kamera blickte. Es ist schon manchmal erstaunlich, in welchen Outfits sich Männer freiwillig fotografieren lassen.

Wir speisten also wieder einmal im besten Italiener in meinem Kiez: gestärkte, cremefarbene Tischtücher aus feinstem Leinen, Silberbesteck und natürlich Stoffservietten passend zum Tischtuch. Kerzenlicht, dezente italienische Schlagermusik und mindestens vier Kellner pro Tisch; so schien es jedenfalls. Oder waren sie einfach nur flink und aufmerksam?

»Na, sorgst du immer noch für deine lieben Flüchtlinge, du Gutmensch?«, fragte Friedrich ein bisschen spöttisch. Drei Gläser vom exzellenten Weißen aus dem Veneto hatte er schon intus. Er war schon ewig Mitglied in der CDU. Das C hatte er irgendwann vergessen.

»Das ist mir jedenfalls lieber als Schlechtmensch«, konterte ich. »Ich habe alle drei Jungs kürzlich in dieses afghanische Restaurant in Friedrichshain eingeladen und sie haben begeistert Heimatliches gespachtelt. Alkohol gab es dort sowieso nicht – sie haben dafür literweise Cola getrunken.«, berichtete ich heiter. »Ich hatte die Jungs mal gefragt, welche deutschen Gerichte sie denn überhaupt kannten. ›Döner und Pizza‹, antworteten sie wie im Chor und staunten über mein Gelächter.«

Von der Rechnung, die mir der afghanische Wirt nach stundenlangem Tafeln von riesigen Schalen, gefüllt mit ständig neu aufgetragenen, wunderbar duftenden, orientalischen Gerichten, die man mit den Fingern aß, präsentierte, berichtete ich lieber nicht, denn Friedrich war Schwabe.

»Das hat bestimmt ein Vermögen gekoschtet«, sagte er vorwurfsvoll. Vermögen hatte man, aber man sprach nicht darüber. Und vor allem gab man es keinesfalls aus. Ich wusste von ihm, dass er in einem klimatisierten Kellerabteil seiner Jugendstil-Villa in Charlottenburg einen Renoir hängen hatte. Samt Alarmanlage.

»Kürzlich habe ich Ali, den Jüngsten, sogar mal auf einen Ausflug zu meiner Freundin Josepha ins Kloster in Niederbayern mitgenommen. Er ist überzeugter Muslim. Ich wollte ihm als Kontrast so richtig orthodoxe Christen vorführen.«

»Du trauscht dich was!«, sagte Friedrich nur und griff an seine Fliege, die er als Markenzeichen vermutlich sogar zum Pyjama trug. »Josepha isch doch diese Priorin, oder? Ulkigen Umgang hasch du schon, das muss man dir lassen.«

Ich nickte. »Demnächst mache ich bei ihr mal wieder eine ›Kurze Rast‹ – gewissermaßen als stille Einkehr. Man darf dann die ganze Woche nämlich nicht sprechen, auch nicht beim Essen«, erklärte ich ihm. Ich kann das Renommieren mit meinen extravaganten Ideen selten lassen. Klappern gehört für Coaches zum Handwerk und er hatte mir schon etliche Bekannte aus seinem Umfeld in die Praxis geschickt.

»Ich kenne nur eine Einkehr und das ist der Einkehrschwung nach dem Skifahren«, sagte Friedrich. Er ist genauso alt wie ich, war aber bereits mit 65 aus seinem geliebten Job als Gymnasialdirektor ausgeschieden. Sehr zu seinem Leidwesen. Seitdem gibt er nahezu pausenlos Nachhilfestunden, um bloß nicht »geischtig einzuroschten«, wie er sagt. Der Kellner brachte den nächsten Weißen und ich nippte an meinem überaus gesunden Mineralwasser aus den Vogesen.

»Josepha wird mir mal wieder raten, dass ich doch meine restlichen Lebensjahre endlich etwas leichter nehmen und mir mehr Freiräume und mehr spontane Lebensfreunde gönnen solle«, sagte ich und schnippte ein paar Brösel dieses herrlichen italienischen Weißbrotes vom Tischtuch. Friedrich hatte mit seiner Sauce vom *vitello tonnato* gekleckert.

»Reschtliche Lebensjahre akzeptiere ich nicht! Wir können gut und gerne noch 30 Jahre leben«, entgegnete er im Pädagogen-Ton. Friedrich war jemand, der vor allem seinem gleichaltrigen Hausarzt und allerlei stärkenden Mittelchen, die dieser ihm und sich verschrieb, vertraute. Für Viagra schien zumindest Friedrich keinen Bedarf zu haben. Aber während ich ihm einigermaßen geduldig zuhörte und er seinen Wein schon wieder ausgetrunken hatte, wusste ich plötzlich genau, was ich an meinem 70sten anfangen würde.

KAPITEL 2
BEGEGNUNG IN NIZZA

Die Hitze war nahezu unerträglich. Kein Lüftchen regte sich. Trotz des Meeres. Mitte Juli in Nizza. Jedes Reisebüro hätte uns von dieser Jahreszeit abgeraten. Lieber Juni oder ab September, da war es schon kühler. Besonders für ältere Menschen. »Älter« sagt man, wenn man jemanden nicht als »alt« bezeichnen will. Dabei ist älter doch eigentlich älter als alt.

Martin und ich hatten beschlossen, gegen Abend zum Hafen zu spazieren, wenn es etwas kühler war, und vielleicht eine kleine Bootsfahrt zu riskieren – um der Hitze an Land zu entfliehen. Auch wenn ich alles andere als seetauglich bin und mir schon der Anblick eines schaukelnden Schiffs im Kino Übelkeit verursacht. Aber da musste ich wohl jetzt durch. *Aunty* wollte ja kein klappriges Weichei sein, sondern eine vitale, abenteuerlustige Frau. Heimlich nahm ich außer Aspirin täglich ein Tütchen »Orthomol arthroplus« zu mir, das die Versorgung meiner Gelenke mit Hyaluronsäure und Vitamin B12 versprach, auf dass ich fit für Unternehmungen bliebe, die mir in Wahrheit eigentlich gar nicht mehr bekommen. Warum darf ich nicht einfach in Ruhe, Ordnung und Frieden alt sein und am Hotel-Pool im Schatten liegen, lieber Martin? Aber das behielt ich natürlich für mich.

Am Hafen roch es nach Meer und Motoröl. Schneeweiße Jachten schaukelten sanft in dem leichten Seegang wie riesige

Möwen. Die Wellen klatschten sanft an den Kai und sie schäumten. Oh je! Was das wohl für Zeug war im Wasser? Ob die Schlawiner hier überhaupt eine Kanalisation betrieben, fragte sich mein strenges, deutsches Über-Ich. Mein lieber Martin schien indessen nicht mit so etwas Spießigem geschlagen zu sein.

»Komm, Tantchen, lass uns eine kleine Hafenrundfahrt machen, heute, an deinem Geburtstag!«, rief er und eilte schon zielsicher auf eine einfache, dunkel gebeizte Jolle zu, die zwischen den Jachten winzig wirkte und auch entsprechend schaukelte. Ich sah, wie er sich einem großen, kräftigen Mann in Schwarz, dem ein ebenfalls schwarzer, buschiger Pferdeschwanz über den Rücken hing, näherte. Die beiden gestikulierten. Offenbar war das der Bootseigner. Feilschte mein Neffe gar? Ob man sowas als Zahnarzt lernte? Doch wohl eher nicht, oder? Als ich näher kam, bemerkte ich, dass der Mann, der wie ein Fischer aus der Gegend wirkte, auf seinem T-Shirt einen Schriftzug trug. *Nizza – il cielo!* konnte ich entziffern. Wie breit die Brust des Mannes war, bemerkte ich allerdings auch. Er war so braungebrannt, dass das Weiß seiner Augen richtig auffiel.

Als er sich zu mir umdrehte und lächelte, bemerke ich eine Zahnlücke auf der rechten Seite, die ihm etwas Piratenhaftes verlieh. Es fehlte nur noch die Augenklappe. Zu Hause in Berlin hätte ich diese Lücke bestimmt eher einem Penner zugeordnet, aber zu diesem Boot, dieser Hitze, dem Seegang und dem Geruch von Salzwasser und Motoröl passte sie.

»Wieso auf Italienisch?«, fragte ihn mein Neffe und zeigte aufs T-Shirt. »Wir sind doch hier in Frankreich!«

»Nizza war frühere italienische. Garibaldi ware hier geboren. Und der *nome* Nizza sage alle, isse italienische. Unde ich zu Hause Genova.«, antwortete der Pirat auf Deutsch, das eher rhythmisch gesungen als gesprochen klang. Er kannte sich offenbar in der Geschichte seiner Stadt aus.

»Luciano! *Welcome!*«, sagte der Pirat und schüttelte mir und Martin die Hände. Er hatte sehr kräftige, raue Finger. Und ich beobachtete, wie er mit dem Schiffstau umging, um sein Boot loszubinden. Auf der Hafenrundfahrt wurde mir, der Landratte, natürlich umgehend speiübel. Vor allem wegen des Seegangs, aber auch wegen des Fischgeruchs.

»Mussene auf den Streifen Land am Ufer sehä«, sagte der Pirat. »Danne werden es bessere!« Es half kein bisschen. Leider hatte ich meinen Superpep-Kaugummi vergessen, der mir sonst in Bus und Bahn und besonders im Flieger meist zur Seite stand. Und eine Ingwerwurzel, mein Naturmittel gegen Übelkeit, hatte ich natürlich erst recht nicht dabei. Luciano bot mir dafür zum Trost an, mir genau solch ein Shirt mit eben diesem Aufdruck demnächst persönlich nach Deutschland zu liefern, da er ohnehin bald dort zu tun haben werde. Er müsse ja sehen, woher er sein Geld zum Leben herbekam, so Woche für Woche, meinte er noch und zeigte seine Zahnlücke. Er brauche nur noch meine Adresse. Dabei musterte er mich ziemlich ungeniert. Ob er gerade meine Vermögenswerte überschlug? Denn Martin hatte ihm gesagt, in welchem Hotel wir wohnten.

»Deine *mamma*?«, fragte der Pirat.

»Nein, meine Tante«, sagte Martin. »Sie hat heute Geburtstag.« Hoffentlich sagte er nicht, welchen.

»*Perfetto!*«, rief der Pirat. »Dann ich bringä T-Shirt als Geschenkä!« Seine Lautstärke war wirklich beträchtlich.

Ich wunderte mich. »Wie kann der bloß so leben, immer von der Hand in den Mund? Ich würde so etwas nervlich nicht durchhalten, diese ständige Unsicherheit.«, sagte ich leise zu

Martin. Aber der Pirat hatte mich gehört. Seine Ohren waren wohl besser als seine Zähne.

»Einziges Unsicherheite«, sagte er ernst, »isse eigentlich das ganze *vita*, wie sagt man, Läben, musse suchen *dolce vita* …«

Dolce vita kam mir irgendwie bekannt vor.

»War das nicht dieser Film mit Mastroianni und Anita Ekberg gewesen, die im Trevi-Brunnen herumgeplantscht hatten, in Rom?«, sagte ich. Scheiße, jetzt hatte ich mein Alter verraten. Wer den Film damals gesehen hatte, war steinalt.

»*Giusto*«, sagte Luciano und er sah kein bisschen entsetzt aus. Ganz im Gegenteil, denn seine schwarzen Augen machten »bling« als er mich ansah.

»*Right!*«, sagte Martin und schaute mich dabei herausfordernd an. »Da wird sich meine Tante aber freuen, wenn Sie sie besuchen! Sie könnte ein bisschen *dolce vita* wirklich gebrauchen. Sie arbeitet eigentlich dauernd und wenn nicht, dann joggt oder fastet sie.«

»*Merda!*«, entfuhr es dem Piraten. »Ich werde komme.«

Ich war alarmiert! Was wollte dieser Typ von mir, der, wie sich herausstellte, 19 Jahre jünger war als ich? Ließen mit 50 sein Freiheitsdrang und seine offensichtliche Abneigung jeder Ordnung gegenüber nach und war er plötzlich auf Sicherheit aus? Auch Piraten wurden nicht jünger. Aber hätte er sich bei diesem Aussehen nicht längst eine reiche amerikanische Touristin anlachen können, fragte ich mich. Er brauchte wirklich keine deutsche Oma mit Hüftschaden. Aber sein unverfrorener Blick verwirrte mich. Ich verabschiedete mich deshalb mit Hinblick auf meine Seekrankheit eilig und Martin und ich nahmen, als der Hafen samt Pirat außer Sichtweite war, noch schnell einen Cappuccino in einer der kleinen Strandbars, die aus ausgebleichtem Treibholz bestanden. Martin erriet, wie so oft, meine Gedanken.

»Der gefällt dir wohl, was?«, fragte er ein bisschen sehr direkt. Ich schwieg.

»Ich denke, du brauchst keine Bedenken zu haben. Sicherheit ist für diese Sorte Mann sehr wahrscheinlich überhaupt keine Kategorie. Der denkt in ganz anderen Mustern. Der lebt für seine Freiheit und vermutlich total aus dem Bauch heraus und nach dem Lustprinzip. Das genaue Gegenteil von dir und deinem Leistungs-Tick, mein liebes Tantchen. So ein Mensch würde dir zum Ausgleich sehr guttun. Wage etwas Verrücktes, bevor es zu spät ist … *Giusto?*«

»Haha«, sagte ich leicht verschämt. War ich wirklich so spießig? »Dieser mediterrane *beach boy* behagte mir tatsächlich viel besser als die gut situierten Rentner, die ich so kannte. Du hast schon Recht, auf was warte ich eigentlich noch? Aber schauen wir mal, wie es weitergeht. Weiß der denn überhaupt, wie alt ich bin?«

»Das habe ich ihm im Zusammenhang mit dem Anlass unserer Reise wohl gesagt. Der kommt ganz bestimmt. Ich habe bemerkt, dass er auf dich steht. ich glaube, das ist das Einzige, was ihm wichtig ist.« Danach spazierten wir schweigend zum Luxushotel zurück, das Martin für unseren Geburtstags-Trip spendiert hatte. Jeder in seine Gedanken versunken …

Am nächsten Morgen erwischte mich ein Anruf von der Hotel-Rezeption im Bad: »Pardon, Madame, hier ist eine 'err, der etwas für sie abgeben möschte. Aber nur direkt in ihre 'ände, sagt er«, hörte ich die leicht irritierte Stimme der jungen Blondine, die Martin so attraktiv fand. Ihr französischer Akzent war wirklich bezaubernd. Ich setzte mir schnell, weil ungeschminkt, meine Sonnenbrille auf – angezogen war ich zum Glück schon – und eilte zum Lift. Unten angelangt, hörte ich auch schon die voluminöse Stimme des Piraten. Der Mann war unsichtbar, weil hinter einem riesigen Blumenstrauß verschwunden.

»Ich haben hier paar Blumen nachträglich zum Geburtstag«, rief er so laut, als hielte er mich bereits für schwerhörig. »Und vielleicht habä Sie Lust auf einen frühen Standspaziergang? Fast kein Mensch da!« Selten im Leben war ich so froh, mich um diese Zeit bereits in einem einigermaßen ansehnlichen Zustand zu befinden, da man sich in dieser Hotelkategorie bereits fürs Frühstücksbuffet zurecht machte. Und für Martin sowieso.

»Das ist aber eine reizende Idee«, suchte ich Zuflucht im Konventionellen. Schließlich hatte er mich plötzlich auch gesiezt.

Das Wesen hinter den Blumen schien erstaunt. Es hatte wohl jede Menge Ausflüchte erwartet. So spießig, wie er vermutete, war ich ja nun wirklich nicht, dachte ich, und warf schnell noch einen prüfenden Blick in die vielen Spiegel an der Rezeption, die mir ohne meine optische Sonnenbrille gar nicht aufgefallen wären. Die Blumen bestanden aus einem Arm voller orangefarbener Gladiolen, so riesig, wie ich keine je gesehen hatte. Das war wohl das hiesige Klima. Weiter unten sah man kräftige braune Fischerhände, die das Bündel mühsam ausbalancierten. Offenbar hatte er die Blumen gerade erst in einem der Felder am Straßenrand gekauft oder vielleicht auch geklaut. War ja sehr früh am Tage und kaum jemand unterwegs.

»*Mille Grazie!*«, rief ich und passte mich seiner Lautstärke halbwegs an. Er legte die Gladiolen vorsichtig in meine Arme und die umsichtige Rezeptionistin eilte bereits mit einer ebenfalls riesengroßen Bodenvase herbei, was ich ihr nie vergessen werde.

»Könnten sie den Strauß vielleicht in mein Zimmer …«, murmelte ich hilflos.

»Könnten wir vielleicht gleich noch an den Strand …«, sagte der Pirat. Und ich nickte nur. Mehr war nicht nötig und mir auch nicht möglich. Und mein Herz klopfte.

Am Strand herrschte absoluter Frieden: Einige Schwarze oder – wie es heutzutage heißt – *persons of colour* in Shorts, T-Shirt und Badelatschen führten mit ruhigen Bewegungen ihre Rechen über den Sand und schoben damit Plastikflaschen und anderen Müll vorsichtig zusammen. Möwen kreisten über ihnen, in der Hoffnung, dass sie auf etwas Essbares stießen. Ansonsten kein Mensch bis auf einen einsamen, älteren Jogger, der direkt im nassen Sand, wo das Wasser am Ufer leckte, entlanglief. Wir hörten, wie seine Füße platschten.

»*Bonjour*«, grüßte Luciano die Schwarzen höflich und sie grüßten ein bisschen erstaunt zurück.

»Es ist wunderschön hier, morgens«, sagte ich leise. »Danke für diese ungewöhnliche Idee!« Luciano lächelte nur.

»Nicht reden«, sagte er, »nur Augen offen machen unde atmen!«, und ich musste lachen, denn er hörte sich genauso an wie meine Freundin Josepha, die Priorin im Kloster. Wir gingen lange schweigend am Ufer entlang. Links die Kaimauer und die Straße, die ebenfalls noch ganz ruhig war. Bis auf einige Lieferwagen, die die Hotels und Lokale an der *Promenade des Anglais* mit Waren belieferten. Die Strandbars waren noch alle zu, die Stühle gestapelt, die Markisen gegen dic Sonnenhitze noch gefaltet. Ruhe lag über der ganzen Szene. Man hätte sie in Nizza ganz gewiss nicht erwartet. Wo war sie hin, die hektische Atmosphäre der Côte d'Azur? Wir gingen schweigend nebeneinander. Da rührte sich in einer der Strandbars Leben.

»*Deux café aux lait*«, sagte der Pirat, »*s'il vous plait.*« Und der Barkeeper, ein Latino, lächelte nur und schmiss seinen Kaffeeautomaten an. Woher wusste Luciano, dass ich morgens immer einen Riesenpott Milchkaffee brauchte, um in die Puschen zu kommen? Nix schickes, einfach einen Milchkaffee? Wir setzten uns auf die einfachen Plastikstühle an dieser Bar am öffentlichen Strand jenseits der Grandhotels und wir blinzelten ins Meer, in dessen leise plätscherndem Hin und Her sich die Morgensonne spiegelte.

»*Dolce far niente*«, sagte Luciano leise. »Diese Atmosphäre ist es, die mich an diese Gegende fasziniert. Ich habe sie schon als Kind geliebt unde Muschelen gesammelt.« Und ich nickte nur.

KAPITEL 3
ÜBERRASCHUNGSBESUCH

Drei Wochen später stand Luciano zu meinem freudigen Entsetzen plötzlich vor meiner Tür in Berlin-Mitte und blieb erst mal.

»So lange, wie du willste«, sagte er schon in der Tür und strahlte wie ein großer, starker, dunkelbrauner Junge. Das Geburtstags-Shirt habe er leider auf seinem Boot vergessen. Ich erschrak noch mehr, als er mich schon in der Tür mit seiner rauen Seemannshand im Nacken fasste und sich zu meinem Mund beugte. Mein Genick, meine ganze Wirbelsäule versteiften sich augenblicklich. Was dachte sich der Typ überhaupt? So eine Frechheit!

Luciano spürte es und rückte auf der Stelle von mir ab.

»Du kannst gern ein paar Tage bleiben«, sagte ich und atmete auf. Mir wurde allerdings jetzt erst bewusst, dass ich überhaupt nicht zurechtgemacht war und in einem unvorteilhaften Jogginganzug steckte, in dem ich gern in meinem Homeoffice saß. Hätte sich der ungezogene Typ nicht anmelden können? Es sah ihm wohl ähnlich, dass ihm das überhaupt nicht eingefallen war. Er hatte sich einfach in den Zug gesetzt in Nizza und nun war er eben da. *Basta!* War das Leben nicht schön? Aus seinem Rucksack kramte er jetzt eins dieser kleinen, bunten Bildchen aus Keramik, die den Hafen von Nizza zeigten und die es dort auf den Märkten billig gab. Er hielt es mir unter die Nase, als wäre er ein Kind mit einem selbstgepflückten Wiesenstrauß aus geknickten Butterblumen und Gras …

Ich bedankte mich ziemlich förmlich und eilte ins Bad, wo ich wenigstens ein wenig Rouge und Lippenstift auflegte. Den peinlichen Jogginganzug behielt ich lieber an. Es sollte nicht so aussehen, als ob ich mich eilig für ihn in Schale warf, nachdem er mich dermaßen proletenhaft überfallen hatte.

»Ich bin gerade vom Joggen zurück«, log ich, um den Schlabberlook zu erklären. Hoffentlich merkte er nicht, dass ich überhaupt nicht schwitzte. In der rechten Hand hielt er immer noch einen Silberkoffer, von der Art, wie ihn Fotografen benutzen. Wo er den wohl herhatte? Womöglich irgendwo am Strand geklaut, kam es mir blitzschnell in den Sinn. Ich eilte ins Obergeschoss und schloss alle meine Wertsachen in eine meiner Schreibtischschubladen und versenkte den Schlüssel in der Tiefe meiner Jogginghose. Im Stillen verwünschte ich beinahe meinen Neffen, der diesem Italiener offenbar signalisiert hatte, dass ich einem Besuch nicht abgeneigt wäre. Immerhin kann er bei seinen Finanzen kein Mafioso sein, dachte ich und musste lachen.

»Scheiße, jetzt habe ich den Piraten an der Backe«, schrieb ich an Martin, damit er wusste, was er mir eingebrockt hatte. Aber warum klopfte dann mein Herz dermaßen? Um mich zu beruhigen, machte ich erst mal Kaffee und entdeckte zum Glück auch noch ein Stück von diesem leckeren Zwetschgenkuchen aus der nahen Bio-Bäckerei im Kühlschrank. Ich teilte es in zwei Teile und sprühte reichlich eiskalte Sahne darüber. So merkte der Pirat nicht, wie klein die Stückchen waren. Das hatte er nun von seinem Überfall! Zwar kam Martin auch öfter einfach hereingeschneit und nannte das »spontan«. Aber bei ihm war das etwas anderes. Ich war ja beinahe seine Mama. Meine Freunde wussten, dass bei mir alles nach Plan zu gehen hatte. Alles andere machte mir immer schon Angst. Und je älter ich wurde, umso mehr. Aber jetzt war dieser Luciano nun mal da und ich war gezwungen damit umzugehen. Ganz ohne Plan. Ob Martin das insgeheim bezweckt hatte?

Der Pirat und ich saßen also an meinem modischen Rattan-Couchtisch und aßen Kuchen. Es duftete angenehm nach Kaffee und nach einem ziemlich penetranten, italienischen Rasierwasser. Hieß das nicht *Silvestre* oder so ähnlich? In einer giftgrünen Flasche? Hatte das nicht mein Vater vor Jahrhunderten auch einmal benutzt? Der Duft erinnerte mich an zu Hause. Und prompt fühlte sich die Sache mit Luciano von Minute zu Minute besser an. Beinahe schon irgendwie vertraut.

Er achtete jetzt nicht nur sorgfältig auf Distanz, sondern hatte auch seine Sneakers fein säuberlich nebeneinander in den Flur gestellt und spazierte auf schwarzen Socken, aus denen der linke große Zeh herauslugte, durch mein Wohnzimmer. »Ich 'abe neu Schuhe, die drückene … Kein neue Socke. Haha! Isse ok?«, fragte er, lächelte entwaffnend und sah dabei absolut umwerfend aus. Es wurde zu heiß im Raum und wir setzten uns auf meine kleine, mit Holzdielen belegte Terrasse.

»Hoch über den Dächern von Berlin«, sagte ich. Der Pirat verstand sofort.

»Nicht über die vonne die Nizza«, sagte er. Er war doch eigentlich zu jung für diesen Filmklassiker? »Kenne alles Hitchcock«, war die Antwort auf die Frage in meinen Augen. Der Mann hatte erstaunliches Gespür.

Es fiel mir von der Terrasse aus auf, dass meine Fenster so blank waren wie nie. Ali hatte sie kürzlich geputzt, um sich für meine Hilfe nach seiner Flucht ins fremde Land zu bedanken. Vielleicht konnte er schon bald in Martins Praxis hospitieren? Luciano schaute erstaunt, als ich ihm von Ali und den anderen beiden Jungs berichtete.

»Isse gutt, helfen«, sagte er. »Aber nicht gutt, dass so ville!«

»Ganz Italien voll …« Ich schwieg, denn er würde mich sowieso nicht verstehen.

Im Kühlschrank meiner High-Tech-Küche, die ich nur angeschafft hatte, um Martin zu beeindrucken, entdeckte ich noch eine Flasche Prosecco, die ich für eventuell auf einen Schwatz vorbeikommende Freundinnen oder für Friedrich bereithielt. *Prosecco Treviso* stand auf dem Etikett und er war von Lidl. Aber das wusste Luciano nicht.

»*Prosecco* aus *Italia*!«, rief er begeistert. Seine Lautstärke fiel in einer Berliner Wohnung deutlich mehr auf als im Hafen von Nizza. Und ich musste widerstrebend feststellen, wie entgegenkommend und lieb dieser Mannskerl eigentlich wirkte mit seinem offenen, freundlichen Fischergesicht. Gewaltig war wirklich nur sein Stimmvolumen. Und Luciano fing an zu erzählen. Er spürte wohl auch, dass sich die Situation mehr und mehr entspannte. Hatte er vorhin befürchtet, dass ich ihn hinauswerfen würde?

»Meine *mamma* lebe mit meine Hund in klein Häuschen, in Dorf. Mein *padre* isse schon lange weg. Keine Ahnunge, wo. Sie hat Bein bei *accidente* gebrochen. Gehen am Stock. Aber gute *nonna* für mein Tochter … *nonna* heißen Oma.« Er betrachtete seinen leeren Kuchenteller. Wahrscheinlich war er hungrig.

»Deine Mama ist wahrscheinlich so alt wie ich«, bemerkte ich tapfer. Nur nichts unter den Teppich kehren. Klarheit und Ordnung schaffen von Anfang an. »Und Kinder hast du auch?«

»Nur Tochter, acht Jahr. Und du nicht so alt wie *mamma*! *Basta!*«

Pustekuchen: Als ich mich erhob um zu schauen, was meine Küche vielleicht noch für den Überraschungsgast hergab, kostete es mich Mühe, aufzustehen. Wie immer, wenn ich länger gesessen hatte. Nur ja jetzt nicht ächzen oder sonst einen greisenhaften Ton von mir geben, dachte ich gerade noch rechtzeitig. Und ich federte aus meiner leider ziemlich niedrigen, tomatenroten Couchlandschaft hoch, wie schon lange nicht mehr.

In der Küche rührte ich mir schnell ein Briefchen »Orthomol arthroplus Gelenk-aktiv-Komplex« in ein Glas Wasser. Mein Körper schien förmlich nach all dem Hyaluron, Zink, Mangan, Kupfer und den Vitaminen zu lechzen. Und was da sonst noch alles drin war und den Apotheker reich machte. Hoffentlich kam Luciano mir nicht in die Küche hinterher. Dem tat bestimmt noch überhaupt nichts weh.

»Und wie steht es mit der Mutter deiner Tochter?«, sagte ich beim Zurückkommen und wir stießen erneut mit dem Lidl-Prosecco an.

»Sie ist Ferienclub in Hurghada. Isse Animateurin. Meine Kleine isse bei *nonna*. Auch oft auf meine Boot. Wenn *vacanza*. Wie sagt man?«

»Ferien«, antwortete ich. Der Prosecco stieg mir zu Kopf. Oder war es Lucianos Nähe?

»*Andiamo mangare*, ich laden dich ein«, rief er plötzlich. Er hatte wohl bemerkt, dass ich kaum etwas Essbares im Haus hatte und war wirklich hungrig nach der Reise.

»Das ist lieb, aber ist das denn nicht ein bisschen …«, sagte ich. Das Wort »teuer« verschluckte ich gerade noch. Das Ehrgefühl mediterraner Männer war ja sprichwörtlich. Gerade, was ihre Kapazitäten als Kavalier anging.

»Ich wolle dich aber einlade! Heute isse heute! Italienische *ristorante, per favore*! Bestes *cucina di mondo*!«

Martin hatte vermutlich Recht gehabt. Dieser Mann hatte wirklich keine Beziehung zum Geld. Oder wollte er mir erst mal imponieren?

»Kannst du denn von deinen Hafenrundfahrten, ähm, einigermaßen gut …«, stammelte ich. »Ihr habt doch nur die Touristen-Saison über den Sommer, oder? Kann man da denn etwas, ähm, zurücklegen für den Winter?« Ich versuchte angestrengt, das Wort »Geld« zu vermeiden. Der Pirat schaute verständnislos.

»Zurück lege???«

»Sparen!«, sagte ich und musste lachen. Das Wort war ihm also anscheinend unbekannt. »Geld sammeln und nicht ausgeben in Restaurants.«

»Aha! *Economico*!« Jetzt lachte auch Luciano gutmütig. »Nie mache«, rief er und ich war völlig entwaffnet. »Lebe isse zu kurze ume *economico*. Laden dich ein! Arbeiten zum Leben, nicht leben zum Arbeiten, wie Deutsche!«

Martin hatte mir gesagt, dass er offenbar neben den Bootsrundfahrten je nach Bedarf noch einen Mini-Onlinehandel mit seinen Shirts betrieb. Während Luciano sprach und dabei wild gestikulierte, beobachtete ich unauffällig sein Profil: Der Mensch hatte ja vielleicht Wimpern! Nicht zu fassen – lang und gebogen, wie bei einem kleinen Jungen. Kerl und Kind, die Mischung, auf die ich immer schon geflogen war.

Beim Abendessen im sündhaft teuren Italiener, den ich kürzlich erst mit Friedrich besucht hatte (»Italienische *cucina* beste von Welt!«) und wo Luciano als erstes zum bestandenen Test eine *minestrone alla mamma* bestellte, wurde er von den Kellnern misstrauisch beäugt, auch wenn er mit ihnen Italienisch parlierte. Und ich wunderte mich, dass er nach dem Essen zum doppelten Espresso keine rauchte. Im Boot hatte er doch ständig eine Fluppe im Mundwinkel gehabt und italienische Lokale nahmen es mit dem Rauchverbot manchmal nicht so genau.

»Wieso rauchst du keine zum Kaffee?«, fragte ich.

»Zigaretten aus«, sagte er trocken, »unde Euro jetzt auch.« Diese Tatsache schien ihn eher zu erheitern, als zu belasten, sagte mir sein lächelndes Schulterzucken. Dieser Mann lebte jeden Tag aus dem Vollen. Vorratshaltung, *economico*, war absolut nicht sein Ding. Das war mir jetzt klar. Und Martin hatte Recht: Aufschub eines Genusses war für Luciano ein Fremdwort. Fitness anscheinend aber leider auch.

»Kommst Du morgen früh mit mir zum Joggen?«, fragte ich, um vom Thema »Euros« abzulenken.

»WIE früh?«, fragte er vorsichtig.

»So gegen halb acht?« Ich war gewöhnt, jeden Tag um sieben aufzustehen, auch im Winter.

»Du wolle mich töten?«, fragte er zurück. Das Thema Fitness war also ebenfalls abgehakt. Damit stellte er mein Weltbild umgehend auf eine harte Probe. Denn seine Verweigerung machte mir bewusst, dass ich zwar meinen Klientinnen Lockerheit und Lebensfreude predigte, mich aber selbst quasi im Morgengrauen und nach flotten Yoga-Asanas täglich zu einer kilometerlangen Laufrunde zwang, bevor es endlich unter die Dusche ging. Dass ich dabei auch noch täglich an einem Friedhof vorbeirannte, erzählte ich meinem Piraten mit den Super-Wimpern lieber nicht. Er würde mich für geistesgestört halten.

Schließlich bekam er, als mein Hausgast, hautnah mit, wie ich so lebte: Nach dem strammen Sportprogramm strebte ich mit meiner Riesentasse Milchkaffee erst zur minutiösen Tagesplanung in mein Home-Office und hetzte danach um Punkt neun Uhr zur Wahrung jeder Menge Coaching-Termine in meine Praxis. Nachmittags und abends noch Büro-Kram, Telefonate und die übliche Lebensverwaltung. Luciano würde es sofort durchschauen: Ich führte ein streng durchgetaktetes und ziemlich freudloses Leben. Von Leben, Lieben, Lachen eher keine Spur.

Wir saßen also nach dem opulenten Abendessen noch auf einen Absacker mit dem Rest des erstaunlich guten Lidl-Proseccos auf der Terrasse, beide müde und schweigsam. Dafür toste unter uns der Großstadt-Moloch und würde die ganze Nacht nicht nachlassen. *The City, that never sleeps*, hatte doch Frank Sinatra einst New York besungen. Das traf jetzt auch auf »meine« beinahe4-Millionen-Metropole Berlin zu. Ob sie Luciano gefallen würde?

»Wann du haste Spaß?«, fragte Luciano unvermittelt und traf damit den Nagel auf den Kopf. Ja, wo war der Spaß in meinem Leben eigentlich hingekommen?

»Ich nixe mache, was kein Freude!«, fügte er ernst hinzu. Beim Essen hatte er sich darüber mokiert, dass ich die Hälfte der wunderbar sämigen Polenta zum gegrillten Fisch aus Diätgründen stehen ließ.

»Warum nixe essen?«, hatte er gefragt. Essen sei schließlich etwas beinahe erotisches, oder? Dabei sah er mich viel zu lange an und mir wurde heiß. Hoffentlich errötete ich jetzt nicht!

»Fett war früher im Barock Mode, heute ist eher dünn angesagt«, witzelte ich lahm.

»Barock isse gutt! Du kannste ruhige dick werden«, sagte er. »Dann hat man mehr Frau.« Damit wandte er sich wieder seinem Teller zu, kaute nahezu lustvoll und schaute mir dabei schon wieder direkt in die Augen.

Mit »mehr Frau« würde er sich allerdings noch gedulden müssen: Mein Hausgast staunte nicht schlecht, als ich ihm schließlich mein Gästezimmer präsentierte, in dem zuletzt Martins neue Freundin Pam eine Nacht verbracht hatte. Dass er im Gästebett einquartiert werden würde, hatte Luciano augenscheinlich nicht erwartet und er verstummte. Und ich fragte mich im Stillen, wie viele solcher Überraschungsbesuche er bei deutschen Touristinnen wohl schon gestartet und dabei sicher nur höchst selten das Gästezimmer aufgesucht hatte.

Der Pirat hatte sich jedoch schnell wieder im Griff, stellte seinen Silberkoffer auf den Boden, öffnete ihn und kramte ein paar zerknitterte Kleidungsstücke hervor, die er dann achtlos verstreut auf dem Eichenparkett liegen ließ. Er würde die Sachen bestimmt am nächsten Tag aufhängen und einräumen, dachte ich, denn mein Gästezimmer verfügte ja schließlich über einen geräumigen Schrank. Diese Annahme stellte sich als Trugschluss heraus, die Unordnung im Gästezimmer war bald unbeschreiblich und ich erinnerte mich an die Obstkisten, die in Lucianos Boot zur Aufbewahrung von Kleidung und sogar Dokumenten dienten.

»Lass uns erst mal Freunde sein und sehen, wie wir uns verstehen. Ich brauche wirklich kein Drama mehr und wir haben uns bisher erst ein einziges Mal getroffen …«, sagte ich beinahe entschuldigend.

»Isse ok«, sagte Luciano nur. Er nahm die Dinge, wie sie waren. Seine Zeit würde schon noch kommen.

Verunsichert war dagegen ich: Sah ich mich nicht eigentlich eher als eine, keinem Abenteuer abgeneigte, vogelwilde 68erin? Hatte ich nicht einst über meinen Schreibtisch ein Poster gepinnt, das »Wer zweimal mit demselben pennt, gehört schon zum Establishment!« verkündete? Deshalb hatte mich wirklich jeder für eine jener Emanzen gehalten, die kaum Tabus kannten. In Wahrheit war ich aber eher schüchtern und zurückhaltend, was meine Männergeschichten anging. Jeder, der es in mein Bett geschafft hatte – und das waren sehr viel weniger, als man mir zutraute, – hatte sich lange um mich bemühen müssen. Denn ich ließ Nähe erst zu, wenn ich mich sicher fühlte. Und das dauerte. Erst recht bei einem Piraten mit Zahnlücke.

In den nächsten Tagen zeigte ich ihm zur Ablenkung meine brodelnde Riesenstadt Berlin. Sie war Luciano ein bisschen unheimlich, so wie mir sein Meer. Und er mochte eigentlich weder Paris noch Rom. Letztlich war ihm sogar Nizza zu groß, denn er war auf dem Land aufgewachsen, wie er erzählte. Dafür hatte es ihm der begrünte Hinterhof, auf den meine Wohnung im zweiten Stock hinausblickte, besonders angetan. Es erinnere ihn an die Innenhöfe seiner Kindheit auf dem Dorf, sagte er, in so einem habe er früher mit seiner Großfamilie gelebt. »War aber bisschen kleiner …«, grinste er.

Da unten in meinem Hinterhof, den Besucher meist »malerisch« nannten, obwohl dort gigantische Müllcontainer in Reih und Glied standen, wie das sich in Deutschland gehörte, trennten die Bewohner brav und fein säuberlich nach GLAS, PAPIER und RESTMÜLL. Dies amüsierte Luciano sehr. In Nizza würde die Müllabfuhr nur unregelmäßig erscheinen und in den

Innenhöfen lägen deshalb dauernd Mülltüten herum, was niemanden störe. Und Bäume gäbe es dort auch keine. In meinem Hof reckte sich dagegen eine alte Buche ans Licht, die offenbar der Luxus-Sanierung dieser betagten Mietskaserne nicht zum Opfer gefallen war. Auf einem der weit ausgreifenden Äste saß dann und wann frühmorgens eine Amsel und zwitscherte ihre Koloraturen. Die gefielen Luciano sehr, dem hier in Berlin die Natur fehlte. Deshalb spazierte er gern zu einer der Bänke am Käthe-Kollwitz-Platz um die Ecke, um den *bambini* beim Spielen zuzusehen.

»Denken an mein *bambina* dort«, sagte er. Die Beziehung zur Mutter seiner kleinen Tochter war nach der Trennung schwierig und sie sagte deshalb gern seine Treffen mit Jolanda in letzter Minute ab.

»Warum hast du sie denn nicht geheiratet?«, stellte ich die deutsche Ordnungsfrage. »Dann hättest du jetzt ein RECHT, dein Kind zu sehen.«

Luciano wurde ungewöhnlich ernst: »Was solle das bringe?«, meinte er und zuckte die Schultern. »Es gibt kein RECHT auf ein *bambino*! Wird komme, wenn die Zeit ist.«

Genauso gelassen fügte er sich auch in meine freundschaftliche Distanz. Aber die Spannung zwischen uns stieg mit jedem Tag, den wir gemeinsam verbrachten. Allerdings spazierte dieser Mannskerl mit Vorliebe und völlig ungeniert nur mit einem Handtuch um die Hüften in meiner Wohnung herum und erschien in diesem Aufzug auch – den wirren, pechschwarzen Lockenkopf ungebändigt – am Frühstückstisch, während ich versuchte, mich auf meine Kaffeetasse zu konzentrieren. Schau mal, was du dir entgehen lässt, schien er damit sagen zu wollen. Er hatte sowieso kaum Augen für mein gesundes, kalorienarmes, nordisches Fitness-Frühstück mit Müsli, Obst, viel Magerquark und Vollkornsemmeln vom Bio-Bäcker.

»Frühstück isse mir Wurst«, scherzte er, und war nicht einmal für die fettigen, warmen Croissants zu erwärmen, die ich extra für ihn geholt hatte.

Eine äußerst innige Beziehung pflegte er dafür zu seinem *telefonino*, das – mit einem Riss im Display, der ihn nicht zu beunruhigen schien – Tag und Nacht unmittelbar an seiner Seite war, als sei es angewachsen. Außerdem war ihm auch seine tägliche Siesta enorm wichtig, die er unweigerlich zwischen 13 und 17 Uhr abhielt und zu der er sich ins Gästebett zurückzog, während sein Handy ohne Unterlass italienisches Gebrabbel in erstaunlicher Lautstärke von sich gab. Es kam mir vor, als ob er sich über die Nabelschnur seines *telefonino* mit seiner Sprache und seiner Heimat förmlich »auftankte«.

»Wann ich das näxte mal da, ich kommen *direttamente* in deine *bed*«, sagte er eines Nachmittags nach einer Siesta so sachlich, als wäre es längst Fakt.

»Wir werden ja sehen«, wich ich so charmant wie möglich aus. Ich war mir nämlich ziemlich sicher, dass er sich nach seiner Heimreise nie mehr melden würde. Andere Frauen aus dem Norden waren ganz bestimmt entgegenkommender. So wie meine Tennisfreundin Jessica in ihren besten Zeiten.

Was mich und mein »riskantes Abenteuer« betraf, war sie jedoch plötzlich verblüffend konservativ: »Wie kann man nur so leichtsinnig sein«, schimpfte sie am Telefon, als ich ihr von meinem Hausgast berichtete. »Du weißt doch gar nicht, wen du da vor dir hast! Der will ganz bestimmt nur an dein Geld. Oder Schlimmeres. Vielleicht ist er ja sogar ein perverser Sexualtäter?«

»Findest du nicht, dass du ein bisschen übertreibst?«, fragte ich freundlich, obwohl mich ihre Ablehnung ärgerte und unsicher machte. »Martin hält ihn zwar auch für ein bisschen leichtlebig, aber gutmütig«, fügte ich hinzu. »Er meint, wenn Luciano käuflich wäre, hätte er sich in einer Hotelbar in Nizza schon längst eine reiche Alte wie diese Zsa Zsa Gabor angelacht und wäre lebenslang saniert.« Jessica kannte meinen Neffen aus dem Club und hielt große Stücke auf ihn. Auch als ihren Zahnarzt.

»Aber Martin hat in solchen Dingen doch noch gar nicht genug Lebenserfahrung! Außerdem ist er sicher froh, wenn du bei einem Typen aufgeräumt bist. Dann muss er sich in ein paar Jahren nicht selbst um dich kümmern, wenn du nicht mehr krabbeln kannst. Vielleicht kalkuliert er ja diesen Typ, der dein Sohn sein könnte, sogar schon als künftige Pflegekraft mit ein. Hahaha!« Jessica lachte viel zu laut über ihren eigenen Witz. Ich sagte lieber nichts, denn sie war nicht nur meine Tennispartnerin, sondern auch meine Orthopädin und mit meinen Hüften war ich vielleicht bald auf ihr Wohlwollen angewiesen.

»Ich weiß ja, dass du es gut meinst«, ging ich deshalb freundlich auf sie ein. »Aber das mit der Pflegekraft wäre natürlich eine gute Idee. Lieber der schöne Luciano als eine hässliche Krankenschwester aus Polen. Und die klaut dann wahrscheinlich außer dem Geld auch noch mein Auto.« Bei dieser Vorstellung mussten wir denn doch beide herzhaft lachen.

»Hast du denn deine Wertsachen, Kreditkarten und so weggesperrt?«, fragte Jessica nach.

»Lohnt doch gar nicht mehr, wenn er ein Kettensägen-Massaker plant«, setzte ich noch einen drauf.

»Eine Kettensäge kann der sich zum Glück bestimmt nicht leisten, aber ein Ikea-Küchenmesser tut es ja schließlich auch«,

Jessica grinste und ich wusste wieder einmal, warum sie meine Freundin war.

»Apropos Küchenmesser«, lenkte ich ab, »er hat schon meine gesamte Küche erobert. Natürlich schmeckt ihm nicht, was ich Mageres und Gesundes auf den Tisch bringe. Außerdem muss ich ja arbeiten und er nicht. Er hat bei mir ganz schnell jede Menge Fett in Form von Olivenöl und kiloweise Gorgonzola und Mascarpone und alle möglichen weiteren Sorten fetten Käse und Berge von Parmesan und fett-tiefende Salamisorten eingeführt. Und Unmengen von Fisch. Es riecht bei mir also abwechselnd wie in einer Pizzeria oder wie in einer Fischerkneipe.« Wir hatten bei unseren Gesprächen immer so ein Geplänkel drauf, das uns beide erheiterte.

»Ach du meine Güte – er macht sich ja ganz schön bei dir breit! Und wie ist er so im Bett?«

»Keine Ahnung …«, sagte ich.

»Waaaaas???«

»Keine Ahnung. Bisher ist nix passiert und das wird auch so bleiben, bis er am Mittwoch in den Billig-Bus steigt nach Nizza via die Schweiz.«

Jetzt hatte es Jessica ausnahmsweise die Sprache verschlagen. Sie war nämlich eine 68erin wie ich, hatte aber – im Gegensatz zu mir – mein angebliches Beziehungs-Motto über Jahrzehnte auch fleißig in die Tat umgesetzt. Die Zahl ihrer Lover war Legende, auch wenn sie sich inzwischen aus dem »erotischen Kampfgetümmel«, wie sie es nannte, weitgehend zurückgezogen hatte und als gut situierte Matrone ihren sexuellen Ruhestand ehrlich genoss. Sie hatte mit dem Färben ihrer Mähne aufgehört, ebenso mit dem Bleichen des Oberlippenbartes und ihre Beine befanden sich seit geraumer Zeit im behaarten Naturzustand. Sie fand das alles »sehr befreiend«.

»*Tesoro, mangiare!*«, brüllte da Luciano aus der Küche und ich machte eilig Schluss mit dem Gespräch, denn was seine Kochkünste anging, verstand er ausnahmsweise keinen Spaß. Da entwickelte er plötzlich nahezu preußische Anwandlungen von Pünktlichkeit, um nur ja den absolut knusprig-perfekten Zustand seines mit enormen Mengen von dreierlei Käse überbackenen Auberginenauflaufs nicht zu verpassen. Und irgendwie musste er ja auch wettmachen, dass er dafür im Moment mit meinem Geld einkaufte, das er mir »*Very presto – come si dice? Very* balde!«, zurückzugeben gedachte.

Nach einer langen, festen und nicht unbedingt freundschaftlichen Umarmung, die sich fast wie ein Versprechen anfühlte, und der Ankündigung, beim nächsten Besuch ganz gewiss ausreichend Euro mitzubringen und außerdem sogleich in meinem *bed* zu landen, reiste er mit Rucksack und Silberkoffer wieder ab. Entgegen meiner Erwartung ließ er keinen Tag vergehen, an dem er sich nicht per Whatsapp bei mir meldete. Ich nahm das zunächst auf die leichte Schulter, auch wenn ich bei jeder Schnulze von Eros Ramazotti, Gianna Nannini oder dem guten alten Zucchero, die im Oldie-Radio lief, dieses nahezu vergessene Sehnen verspürte, das ich vergebens zu unterdrücken versuchte. Was waren das bloß für Männer, die gänzlich ungeniert »Eros« hießen? Und warum fühlte man sich plötzlich wieder wie 17, statt wie 70, wenn man an einen dieser Typen dachte? Und warum scheuten sie sich kein Bisschen, mit großer Ausdauer *ti amo, cara, amore* oder am liebsten auch *tesoro* zu schreiben und massenweise fliegende Herzchen zu versenden?

»Damit umschiffen sie keck die weibliche Vernunft und Vorsicht«, meinte mein Neffe etwas altklug. »Ich bin gespannt, wie lange du diesem emotionalen Großangriff widerstehen kannst.«

Um mich von Luciano und meinen immer heftigeren Gefühlen abzulenken, verabredete ich mich wieder einmal mit Friedrich. Nicht zuletzt, weil Jessica niemals nachließ, dessen ideale Eignung als mein Partner zu preisen: Vor allem auf dem bildungsmäßigen, pekuniären und gesellschaftlichen Sektor. Vielleicht hatte sie ja doch Recht damit und ich hatte wirklich den Verstand verloren?

Bei einem Ausflug rund um den Wannsee berichtete mir Friedrich dann sehr angeregt von seiner täglichen, mindestens zweistündigen Lektüre einer gehobenen Tageszeitung, wobei er lange Passagen aus den Kommentaren und von Seite 3 zum Besten gab, als hätte er sie auswendig gelernt. Er zitierte auch einige der jüngsten Theaterkritiken sowie die eine oder andere Buchbesprechung und bewies damit seinen nicht nachlassenden Bildungseifer, auch wenn er ja nun leider nicht mehr für die Unterweisung seiner Schüler zuständig war.

Zu meiner Schande muss ich gestehen, dass mir bei diesem Ausflug die Füße einschliefen, was sicher nicht an meinen nagelneuen Wanderschuhen lag. Soviel ich mich erinnere, habe ich währenddessen auch kein einziges Mal gelacht. Nicht mal gekichert. Dafür standen mir mehrmals Lucianos Gesicht und sein wilder Haarschopf vor Augen, ganz zu schweigen von seinem Anblick mit nichts als dem Handtuch um die Hüften. Als ich mit Friedrich in eins der einfachen Ausflugslokale am See einkehrte, meckerte er auch noch unentwegt an der Karte und dann am simplen Essen herum. Er bestellte sich schließlich bei der befremdeten, ukrainischen Kellnerin, die kein Wort

Deutsch sprach, auf Englisch zum Nachtisch ein Butterbrot und eine Banane. Dann schnitt er diese Banane in zentimeterdicke Scheiben und legte sie exakt ausgerichtet aufs Brot, welches er dann mit Messer und Gabel verspeiste, die Papierserviette *comme il faut* auf dem Schoß.

Auf dem Kopf hatte er die ganze Zeit über eine umgekehrte Baseballcap, um sich ein verwegenes Aussehen zu geben sowie um seine Glatze zu verdecken, und plötzlich sah ich Lucianos widerspenstige, pechschwarze Locken vor mir wie eine Fata Morgana. Und dass dieser unverfrorene Kerl meine Bude umräumte, ohne mich zu fragen und dabei genauso umwerfend aussah wie einst der legendäre Alexis Sorbas beim Sirtaki, fiel mir auch noch ein. Gertenschlank war der ja auch nicht gewesen.

Als ich meinem jugendlichen Neffen leicht verschämt davon erzählte, war ihm natürlich Alexis Sorbas kein Begriff mehr, aber dafür dieses südländische Motto »Leben, Lieben, Lachen«, dem ja auch Luciano anhing. Ja, und er, Martin, neige ebenso dazu, wie alle jungen Leute, die er kannte. Denn das verbiesterte Leistungsdenken der Alten war sowas von out … Auch, wenn ihr ja eigentlich den Wohlstand für uns nach dem Krieg wieder aufgebaut habt, fügte er versöhnlicher hinzu. Also, so alt war ich ja nun eigentlich wirklich noch nicht!

Beim Bezahlen hatte Friedrich übrigens wieder einmal die »Koschten« gescheut und der Ukrainerin nur ein mickriges Trinkgeld gegeben. Luciano dagegen hatte die Rechnung beim Italiener fürstlich aufgerundet.

KAPITEL 4
WENDEPUNKT IM KLOSTER

Der Sommer neigte sich mit einem bombastischen Finale in glühenden Farben seinem Ende zu. Herbst und Abschied lagen schon in der Luft. Die Nächte wurden kühl. Und mir wurde klar, dass auch ich vor einem lange verdrängten Wendepunkt stand: Beinahe unbemerkt stellte ich mein bisheriges Leben in Frage, das für mich bisher selbstverständlich gewesen war. Wie sollte ich bloß meinen letzten Lebensabschnitt verbringen? Im Ruhestand oder mit einer neuen Herausforderung, wie Clint Eastwood, der erst mit über 70 seine besten Filme gedreht hatte und das nicht als Cowboydarsteller, sondern als preisgekrönter Regisseur? Was zählte wirklich vor dem Finale, wenn das Totenglöcklein auf dem nahen Friedhof, den ich immer noch joggend umrundete, auch mir läuten würde? Was zum Teufel hatte eigentlich noch Bestand?

Mein Pirat hatte seine Ankunft bei mir verschoben, weil er momentan weder Geld für die Reise noch für ein Gastgeschenk habe. Und ich bot ihm aus Gründen seiner Ehre auch nicht an, die Reise zu bezahlen, sondern wartete einfach mal ab. Sowas hatte ich bisher noch nie getan.

»Ich Grille, du Ameise«, scherzte Luciano auf Whatsapp, als er mir fürs Erste absagte. »Kennste du Fabel von de La Fontaine?«

»Natürlich«, antwortete ich, »aber die Grille wird als entspannt und fröhlich dargestellt und die Ameise als unsympathisch verbissen und fleißig …«

»Typische italienisch unde deutsche«, schrieb er zurück und schickte genau 24 Smilies hinterher.

Ich unterschlug die Tatsache, dass sich die Ameise in Gegenwart der Grille auf jeden Fall sofort wieder 20 Jahre jünger und unbeschwerter fühlen würde. Jessica fand meine finanzielle Zurückhaltung immerhin vernünftig. Ich hatte ihr nämlich gestanden, dass Luciano nach all den Monaten wieder im Anmarsch war und ausdauernd von *amore* schrieb.

»Irgendwie scheint dir dieser Chaot ja auch gut zu tun«, gab sie zögernd zu und seufzte. »Vielleicht eröffnet er dir wirklich eine ganz neue Sicht aufs Leben? Wir stehen ja alle irgendwie am Wendepunkt. Eine neue Sicht kann in unserem Alter eigentlich nicht schaden …« Sie lächelte schief. »Aber, wie du an mir siehst, kann man sich ganz ohne Mann und Schönheitsterror am allerbesten entspannen! Was macht übrigens deine Hüfte?« Die letzte Frage überhörte ich lieber. Mit Luciano würde ich mich Gott und Orthomol sei Dank auch wieder verjüngt fühlen …

Was den Wendepunkt betraf, hatte sie natürlich Recht. Musste man denn wirklich bis 100 um jeden Preis fit, drahtig und schlank bleiben? Waren das nicht alles zwecklose Mühen, um letztlich dem Sensenmann ein Schnippchen zu schlagen? War es nicht vielleicht um einiges entspannter und auch klüger, sich in den Lauf des Unabwendbaren zu fügen und so viele geruhsame Freuden ins Leben zu packen, wie möglich, bevor es zu spät dafür war?

Was Jessica jedoch nicht wusste: Ich hatte ein Angebot erhalten, mich für ein örtliches Bezirks-Gremium aufstellen zu lassen, um dort nicht nur wie bisher für Flüchtlinge, sondern auch für Senioren in meinem Kiez etwas Positives zu bewirken. Ehrenamtlich, versteht sich. Luciano hatte, bevor er abreiste, noch darüber den Kopf geschüttelt, während ich zwiegespalten war: Dieses weitere Amt bot eigentlich eine Chance, noch einmal etwas ganz Neues und Sinnvolles zu beginnen. Somit würde ich meinen »Helfer-Tick« auf das trefflichste mit meinem »Leistungs-Tick« vereinen, was meinem Piraten eher nicht behagte.

»Typisch Ameise«, hatte der Pirat nur knapp bemerkt. »Das isse nur neu Stress.« Und damit war die Sache für ihn erledigt. Nach gemeinsamem *dolce far niente* sah das für ihn leider überhaupt nicht aus.

Neuerdings stellte sich bei solch drängenden Lebensfragen der teure, ölige, dunkelrote Barolo, den ich nun stets vorrätig hatte, als echtes Helferlein heraus: ob nun Luciano meine Ideen lediglich als »neu Stress« abtat, meine Knie nach dem Joggen schmerzten oder die doofe Hüfte nach dem Tennis beinahe schlapp machte. Dann schenkte ich mir ein Gläschen ein und schon war das Drama nur noch halb so groß. Die Beatles hatten über *mother's little helpers* einen Hit gelandet, auch wenn sie keinen Barolo damit meinten. Kürzlich war mir beim herzhaften Biss in einen knackigen Apfel zu allem Überfluss ein Eckchen meines unteren Schneidezahns abgebrochen und ich musste eine Party bei Freunden absagen, um nicht im »Hexenlook« aufzutauchen und war stattdessen zum zahnärztlichen Notfalldienst geeilt. Lucianos Kommentar war wie meistens gelassen: »Denken an mein Zahnlücke«, schrieb er »Implantat zu teuer und leben immer noch ...«

Um mir über die Frage »neues Ehrenamt oder nicht« klar zu werden und auch, um die Wartezeit auf Luciano zu verkürzen, nahm ich aber weder Zuflucht in meine Arbeit, wie üblich, und auch nicht im Barolo, sondern meldete mich bei meiner Brieffreundin Josepha zu einer »kurzen Rast« an. Das von ihr geführte Benediktinerinnen-Klosters in Niederbayern bot Seminare und Meditationswochen für ratsuchende oder einfach nur erschöpfte Frauen an. Als ich Josepha vor Jahren zum ersten Mal angeschrieben hatte, befürchtete ich, als geschiedene, alleinlebende Großstadt-Frau, die auch noch aus der Kirche ausgetreten war, nicht einmal für eine »kurze Rast« im Kloster zugelassen zu werden. Wir schrieben uns damals noch Briefe auf Papier und verschickten sie in Umschlägen mit Briefmarken, denn Mails gab es noch nicht. Josepha hatte mir mit genau zehn Worten geantwortet: »Sie sind uns herzlich willkommen, wie Sie sind! Josepha, Priorin.« Das war der Anfang einer Freundschaft, die uns so unterschiedliche Frauen über Jahrzehnte verbinden sollte.

Und auch diesmal erlebte ich die Atmosphäre im Kloster als zugleich beruhigend und befreiend. Wir nahmen die Mahlzeiten in diesem schönen, Jahrhunderte alten, sakralen Gebäude mit dem Steinboden, der unsere Schritte so feierlich zum Hallen brachte, in völliger Stille ein, um unsere Gedanken nicht von der Dankbarkeit für das einfache Essen abzulenken. Josepha, so alt wie ich, war nun seit Jahrzehnten meine treue Ratgeberin und über mein anstrengendes Leben in der Großstadt im Bilde. Wenn wir uns in großen Abständen im Kloster sahen, dauerten unsere Gespräche oft stundenlang. Ihr liebes Gesicht, umrahmt von Haube und Schleier, wandte sie mir dabei stets aufmerksam und wohlwollend zu, während ich ihr mein Herz ausschüttete, wie das die meisten Frauen hier taten. Nur von Luciano hatte ich ihr noch nicht berichtet. Ob ich mich ein bisschen für diese sich anbahnende Geschichte schämte?

Das alte Kloster war ein langgezogener, weinrot gestrichener Bau und von Wiesen und Wald umgeben, die zur Anlage gehörten. Die Nonnen, die man in Bayern »Klosterfrauen« nannte, versorgten sich selbst, betrieben eine Wäscherei, eine Schneiderei, eine Pflegestation für Alte, einen Kindergarten, der einen exzellenten Ruf genoss und sogar eine eigene Landwirtschaft. Als ich diesmal mit meinem Wagen vorfuhr, kam mir auf dem Feldweg hinter der Klostermauer ein Traktor in flotten Tempo entgegen: Der Ordens-Schleier der jungen Fahrerin flatterte im Fahrtwind und sie winkte mir mit einer Hand übermütig zu. Offenbar machte ihr Traktorfahren Spaß. Gleich nach dem Mittagessen, das wir wie immer in der Gruppe schweigend einnahmen, war schon der erste Gesprächstermin mit der Frau Priorin anberaumt. Danach würde Josepha noch eine Meditationsstunde mit einigen Frauen halten, die zurzeit so wie ich im Gästehaus wohnten. Ich könne gern beim Meditieren mitmachen, hatte mir Josepha vorab geschrieben. Manchmal würden sich Lebensfragen nämlich beim Loslassen in der Meditation ganz von alleine klären.

Zur Begrüßung umarmten wir uns lange und innig. Sie war sehr zierlich und fast einen Kopf kleiner als ich. Ob sie schon geschrumpft war mit ihren 70 Jahren? Dann nahmen wir Platz auf den schönen alten Klosterstühlen mit den gedrechselten Beinen. Josephas Ornat raschelte, als sie sich setzte. Ein feiner Duft von 4711, echt Kölnisch Wasser, stieg auf. Gab es das überhaupt noch? Sie legte ihre kleinen, sanften und zugleich energischen Hände in den Schoß und ich bemerkte den Ehering, den sie als »Braut Christi« trug.

»Ich stehe jetzt mit 70 an einer Weggabelung. Ich weiß nicht, welche Richtung ich für die letzte Lebensphase, die hoffentlich lang wird, einschlagen soll, liebe Josepha. Vielleicht wissen sie Rat? Bei ihnen ist ja alles von himmlischer Klarheit. Es geht darum, ob ich in Zukunft lieber endlich Ruhe geben und einfach froh und zufrieden leben will oder ob ich noch auf neue Herausforderungen eingehen soll, die sich mir gerade anbieten – beruflich und privat …« Ich blickte auf meine Hände. Sie waren viel kräftiger als Josephas und von der Sonne gebräunt.

Sie hörte konzentriert zu und meinte schließlich: »Was sagt Ihnen denn Ihr Herz? Das ist oft der beste Ratgeber …« Ihre Fragen hatten es meistens in sich.

»Ich weiß nicht, wie das passieren konnte, aber ich habe mich als renommierte Therapeutin in einen italienischen Hippie verliebt, der mein Sohn sein könnte und auf einem Boot im Hafen von Nizza haust.« Jetzt war es heraus! Schwester Josepha schwieg und wirkte so freundlich gelassen wie der Dalai Lama persönlich. Sie hatte zwar ihr ganzes erwachsenes Leben hinter Klostermauern verbracht, obwohl sie als bildhübsche Tochter eines Chefarztes aus der Gegend eigentlich für ein Medizinstudium vorgesehen und auch bereits verlobt gewesen war. Dann hatte sie »aus heiterem Himmel die Berufung Jesu ereilt«, wie sie es gern lachend nannte und sie richtete ihr Leben daraufhin konsequent und für immer nach eben dieser Berufung aus.

»Wie sie ja wissen, habe ich in meinem Leben selbst extreme Entscheidungen getroffen, liebe Schwester Sabine«, sagte Josepha schließlich und ich fühlte mich sofort verstanden und angenommen. »Mich haben damals auch viele für verrückt erklärt.« Ich schwieg. Sie hatte wie immer den Kern der Sache erkannt. »Sie sind doch – abgesehen von Gott – Herrin Ihres Lebens und niemand kann Ihnen diese Entscheidung abnehmen. Aber Sie brauchen auch niemandes Genehmigung. Wenn der liebe Gott Ihnen diesen Mann geschickt hat und zwischen Ihnen beiden tatsächlich Liebe entsteht oder im Werden ist, dann kann das doch nicht schlecht sein, oder? Noch mal: Wie sieht es denn ganz tief innen in Ihrem Herzen aus?«

»Ja, also …« Ich zögerte und räusperte mich: »Anfangs dachte ich, dieser Mann geht ja gar nicht. Er lebt ein Leben, das völlig konträr zu meinem verläuft. Und er will seinen Lebensstil auch nicht mehr ändern …«

»Warum sollte er?«, fragte Josepha. »Ist er denn unzufrieden, so wie es ist?«

»Das ist es ja gerade«, antwortete ich, »Er nimmt alles hin, wie das Wetter und lebt spontan sein Leben. In sehr bescheidenem Rahmen. Ich habe erst gedacht, er würde bei mir materielle Sicherheit suchen …«

»War das denn so?«

»Ganz und gar nicht! Er lebt einfach von der Hand in den Mund, gibt großzügig Geld aus, wenn er welches hat und genießt jeden Augenblick. Er sagt, seine Devise sei: Leben, Lieben, Lachen!«

»Gibt es eigentlich eine schönere Devise?« Diesmal schwieg ich.

»Und die letzten Tage, als er bei mir war, hat er gekocht, dabei gesungen, war immer guter Laune und hat keinerlei Ansprüche gestellt. Und auch keine Kritik an mir geübt. Sie müssen wissen, dass ich alle Wertsachen weggesperrt habe, bevor er kam, aber ich glaube, das war wirklich nicht nötig. Er ist einfach an äußeren Dingen nicht interessiert. Aber seine kleine Tochter, die ist ihm sehr, sehr wichtig und die liebt er sehr.«

»Und wie stehen SIE denn nun zu ihm?«

»Ich habe mir zuerst gedacht, ich könnte ihn mir vielleicht noch etwas erziehen. Ich habe ihn zum Zahnarzt geschickt, wegen seiner Zahnlücke, und ihm auch ein paar Klamotten kaufen wollen, weil er immer dieselbe Jeans trug … Er hat sich immer alles freundlich angehört, was ich sagte, aber er ist weder zum Zahnarzt, noch wollte er mit mir zum Einkaufen. Ich möchte gern so bleiben, wie ich bin, sagte er nur.«

»Vielleicht hat Ihnen ja Gott diesen Lebenskünstler geschickt, damit Sie sich ein Beispiel an ihm nehmen und nicht umgekehrt? Muss denn alles perfekt und geplant ablaufen und niemals aus dem Rahmen fallen? Vielleicht täte Ihnen ja ein bisschen Chaos und Spontanität ganz gut? Vor allem, weil unser beider Lebenszeit nicht mehr allzu lang bemessen ist, zumindest nicht in diesem Leben auf Erden?«

»Sie meinen also, ich soll die Sache einfach laufen lassen, wie es der liebe Gott will? Luciano hat schon angefragt, ob er jetzt, wo es langsam herbstlich wird, zu mir ins Zirkus-Winterquartier kommen könne, vor allem aber in mein, ähm, Bett.«

Josepha lachte herzlich: »Das müssen sie schon selbst wissen. Aber es gibt in der Meditation einen wunderbaren Satz, den ich gerne in meinen Yogakursen vermittle: *Breathe, trust and see what happens*. Schauen Sie doch einfach, was sich zwischen Ihnen beiden entwickelt oder auch nicht. So eine Chance auf eine Liebe kriegt man mit über 70 meistens nicht mehr. Sie könnten natürlich auch alternativ hier in unserem Kloster einchecken, sozusagen als älteste Novizin …« Nun lachten wir beide. Es fühlte sich alles so leicht und klar an, wenn man mit Josepha sprach. Eigentlich genau wie bei Luciano …

»Er zwingt mich durch seine bloße Existenz, Farbe zu bekennen, wie ich den Rest meines Lebens verbringen will. Aber ich bin nun mal so, dass ich vielleicht auch noch ein neues Ehrenamt in der Politik annehmen möchte, damit ich etwas wirklich Sinnvolles hinterlassen kann. Und das kann er nicht verstehen.«

»Möchte er Sie denn ändern? Verlangt er, dass Sie ihre Art aufgeben?«

»Nein, überhaupt nicht, er will sich ja auch nicht wegen mir ändern müssen.«

»Ja, dann ist doch alles gut. Ich sage nochmals: Atmen Sie, vertrauen Sie und schauen Sie, was passiert! Dann werden Sie schon fühlen, was richtig ist. Privat und beruflich.« Josepha drehte an ihrem Ehering. Er war in allem ihr Kompass. Beneidenswert.

In der anschließenden Meditationsstunde schlief ich ein. Die nette junge Mutter neben mir weckte mich sanft, weil ich schnarchte.

KAPITEL 5
MARTIN UND PAM

Als es allmählich richtig kühl wurde und manchmal schon ein ungemütlicher Wind aus Russland über Berlin und Brandenburg hinweg blies, kündigte Luciano auf Whatsapp sein Kommen an: Er habe den Bus bereits gebucht und ob mir der genannte Termin passen würde. Man könne ja auch umbuchen. Einen Abreisetermin nannte er mir nicht.

»Vielleicht sucht der ja wirklich nur einen Platz zum Überwintern«, sagte Jessica. »In seinem Boot wird es ihm jetzt bestimmt zu ungemütlich.« Ich hörte kaum hin, sondern dachte an Josepha und ihren Ratschlag, allein auf mein Herz zu hören, zu atmen und zu vertrauen.

»Das ist mir wurscht, von mir aus kann er auch ruhig noch ein paar Elefanten und Löwen mitbringen«, sagte ich heftiger als beabsichtigt. »Sei doch nicht immer so spießig!« Seit ich bei Josepha gewesen war und mich nicht mehr dagegen wehrte, war die Sehnsucht nach Luciano von Woche zu Woche schlimmer geworden.

»*Ti amo, carissima*«, endete seine letzte Nachricht, kurz bevor er losfuhr in den Norden. In diesen langen Fernbussen gab es meistens kein Netz, obwohl die Firma damit warb. Er schrieb noch, teils Deutsch, teils Italienisch, vermischt mit ein paar Brocken Englisch, dass er eine Menge »*formaggio* von die

Ziecke«, »*honey* unde trocken Pilze Trüffel« und natürlich auch Lavendel für meine Schränke mitbringen würde »gege Insekte unde gutes *smell* …«. Vielleicht auch eine Flasche Rosé, falls sie noch in den Koffer passte. Mein Bauch geriet in Aufruhr; Angst und Freude mischten sich.

Für eine ruhige Kugel mit Friedrich war es ja wohl jetzt zu spät. Aber schließlich war Tina Turner sogar bereits 76 und »richtig heiße Ofen«, wie Luciano gern betont hatte. Und ihr deutscher Mann wäre auch eine Generation jünger und sähe neben dieser *granata* ziemlich alt aus … Der Gedanke tröstete mich augenblicklich.

Martin kam, während Luciano zwei Tage lang im Bus saß, spontan vorbei und brachte gleich seine neue Freundin Pam mit, die bei mir ja schon einmal übernachtet hatte, bevor sie sich näher kannten. Ob sie mir erzählt habe, dass sie aus New York sei und im Computerbusiness tätig war? Wir saßen zu dritt im wieder milderen Herbstlicht auf meiner Terrasse und tranken Tee aus Kreta, den mir die beiden mitgebracht hatten. Melisse, Salbei und Kamille in einer sehr angenehmen Mischung, gesüßt mit Bio-Honig, ebenfalls ein Mitbringsel aus Kreta. Pam sagte nicht viel und musterte mich interessiert. Was Martin ihr wohl über seine alte Tante erzählt hatte?

»Ist der Tee lecker«, lobte er sich selbst und rührte gedankenverloren in seiner Tasse.

»Danke noch mal, dass Ihr an mich gedacht habt!«, sagte ich artig. Von der Terrasse aus schaute ich direkt in meine Wohnung: Wie ich diesen großzügigen Altbau mit den hohen Stuckdecken und den schneeweißen Sprossenfenstern im fünften Stock liebte! Eiche-Parkett in dunkelbraun gehörte fast obligatorisch als Kontrast dazu. Und das Treppenhaus erst: Die sanierten Holztreppen knarzten, wie es sich gehörte und man konnte sich bei Bedarf auch am originalen Schmiedeeisen-Geländer festhalten oder sich lediglich daran erfreuen. Als Blickfang diente in diesen gehobenen Eigentumswohnungen natürlich eine Wand aus terrakotta-farbenen Naturziegeln, an der absolut nichts aufgehängt werden durfte, außer höchstens eines jener supercoolen Rennräder, mit denen sich junge Leute wie Martin durch die Riesenstadt bewegten. Eigene Autos waren inzwischen definitiv mega-out.

»Wann kommt dein Luciano denn an?«, fragte Martin. »Ich würde ihn gern mal wieder sehen! Und Pam vielleicht auch. *Her boyfriend is italian*«, erklärte er zu Pam gewandt. Sie hörte genau zu, obwohl sie außer dem letzten Satz nichts verstanden hatte. Dafür lächelte sie Martin bezaubernd an. Mich leider nicht. Ob sie ein bisschen eifersüchtig auf die enge Beziehung zwischen Martin und mir war?

»Übermorgen«, sagte ich.

»Ach, schon? Hat er dir gefehlt, seit dem Sommer? Er hat sich doch untadelig aufgeführt, oder? Ich glaube, er hat sogar Abitur.« Martin zwinkerte mir zu. Er machte sich mit Vorliebe über mein »Bildungsbürgertum« lustig, dass sich gern mit sich selbst umgab.

»*Aunty likes people with university degrees*«, fügte er in Richtung Pam hinzu und grinste frech.

»*Great, so she must like me too*«, antwortete Pam prompt. Das Mädchen hatte Humor, sie passte zu uns!

»Luciano weiß jedenfalls viel über Geschichte. Wir politisieren auch gern, obwohl er mir gerade in der Flüchtlingsfrage ein bisschen zu rechts ist. Aber vor allem kann ich mit ihm LA-

CHEN …«, sagte ich und goss Kräutertee nach. Feine Bio-Vollkornplätzchen mit Kokosraspeln gab es dazu auch.

»*Help yourself, please*«, sagte ich zu Pam. Diesmal lächelte sie zurück.

»Ach so! LACHEN nennt man das bei euch 68ern also.« Martin verschluckte sich am Tee oder an seinem Witz und hustete.

»Du wirst dich wundern, es ist noch gar nichts passiert. Wir sind nur Freunde. Bisher …«, sagte ich und wurde knallrot dabei. Ich konnte mich nicht erinnern, in den letzten 20 Jahren jemals errötet zu sein. Luciano brachte mich ganz schön durcheinander, auch schon, bevor er überhaupt wieder da war.

»*My boyfriend is not my boyfriend, he is just a friend*«, erklärte ich Pam, die ein bisschen aussah wie Pamela Anderson in jung, um von meiner Tomatenröte abzulenken. Lustigerweise passte der Name wirklich! Und zu Martin gewandt: »Ich glaube, er ist ein Edelstein, den ich zufällig gefunden habe und nun sollte man ihn ein bisschen schleifen und polieren.«

»Jetzt lache aber ich«, entgegnete mein lieber Neffe mit vollem Mund. »Du glaubst doch nicht im Ernst, dass sich ein südländischer Macho von dir polieren lässt, es sei denn du verstehst darunter etwas anderes …«, witzelte er und küsste Pams Handfläche dabei. Ich hatte ihn eigentlich bisher für ziemlich prüde gehalten. Aber da hatten wir auch noch unter einem Dach gelebt.

Es machte »ping« und eine Whatsapp trudelte bei mir ein. Martin und Pam hielten jetzt ganz versunken Händchen. Ein Link zu Youtube zeigte mir den guten alten Zucchero: »*Senza una donna, givin' me torture and bliss …*«, röhrte der italienische Alt-Rocker über meine Terrasse und mir ging das Herz auf, denn Luciano hatte dazu lauter über den Display fliegende Herzchen gepostet. »*Senza madonna* nich me lang!«, schrieb er dazu und ich hatte Mühe, mein erneutes Erröten vor Martin zu verbergen, indem ich ihm die Plätzchenschale vor die Nase stellte. Mein vegetatives Nervensystem spielte bereits verrückt. Und der Anblick meiner romantisch verklärten Verwandtschaft vermochte auch nicht, mich von dem Thema nahender Leidenschaft abzulenken.

»Meine Buche« im Innenhof schien ebenfalls zu brennen vor lauter wilden Rot- und Goldtönen in ihrem dichten Blätterwerk. Ein trotziger Rest von Natur mitten im Beton. Langsam schaukelten einige welke Blätter Richtung Boden, wo sie hier in Deutschland alsbald aufgekehrt werden würden. Im Süden würde man sie eben liegen lassen. Auch ok, dachte ich ketzerisch. Aber gab es am Meer überhaupt Buchen? Und Palmen verloren keine Blätter.

Martin quatschte jetzt direkt in meine Betrachtungen hinein: »Ich habe kürzlich was Gutes gelesen: Pam hat mir den Spruch mitgebracht. Ich glaube, er ist vom Dalai Lama: »Du hast weder die Aufgabe noch das Recht oder gar die Pflicht, jemanden zu ändern! Natürlich auf Englisch …« Pam nickte nur. Gesprächig schien sie gerade nicht zu sein. »Pam findet, dass dieser Spruch eine super Grundlage für unsere weitere Beziehung sein dürfte. Sie hat absolut Recht.« Mein lieber Neffe schaute dabei seiner neuen Flamme tief in die Augen. Dann mir. Wenn er schwieg, wollte er mir meistens etwas damit sagen.

»Du meinst wohl, in meinem Fall gilt dieser Spruch umso mehr?«

»Hmmm«, machte er nur. Und goss Sahne in seinen Tee, was überhaupt nicht dazu passte. Ich würde mich hüten, ihn darauf hinzuweisen. Ich war ja neuerdings eher locker.

»Ständig an jemandem herumzupolieren, hat bisher noch jede Beziehung kaputt gemacht. Meistens sind es ja die Frauen, die so eine pädagogische Ader entwickeln. Erst verlieben sie sich in einen Mann und kaum haben sie ihn, können sie es gar nicht abwarten, ihn zu verändern, so wie meine Ex. Aber bei Luciano wirst du damit ebenfalls auf Granit beißen. Oder vielmehr auf italienischen Marmor aus Carrara, hahaha! Er hat ja offenbar bisher jeglichen weiblichen Bemühungen, ihn zu einem bürgerlichen, sesshaften und rundum vernünftigen und langweiligen Leben zu bewegen, tapfer widerstanden …«

Ich schwieg nun auch, denn dem war eigentlich nichts hinzuzufügen. Auch wenn ich mir schon insgeheim Gedanken machte, wie meine snobistischen Freunde den extravaganten Mann an meiner Seite wohl aufnehmen würden. Vermutlich hatte Jessica sie ja bereits vorgewarnt.

»Wie gesagt, eine gute Portion mediterranes Chaos wird sehr gesund für dich sein, meine liebe Krampfhennen-Tante!« Er schaute zu Pam, aber die sann ein paar fallenden Blättern nach. »Deine Hüftarthrose hat übrigens auch etwas mit Festhalten zu tun!«

»Das sagt Josepha, du weißt schon, meine Priorin aus dem Kloster, auch.«

»Bingo! Mein liebes Tantchen, das sollte dir zu denken geben. Du hast dir ja auch als Freundinnen nicht gerade die »Normalos« ausgesucht, oder? Aber ich glaube, ich muss allmählich wieder … die Patienten warten. Und Pam will sich die Nofretete im Pergamon ansehen. Also vergiss nie: *All you want is on the other side of fear* – den Spruch hast du mir doch selbst mal geschickt. Und nun rutscht dir das Herz doch wieder in die Hose.«

»Dort ist es bei einem Mann wie Luciano auch ganz gut aufgehoben«, gab ich sowas von cool zurück und dann lachten wir alle drei zusammen, denn Pam war froh, wenigstens den Spruch mit der Angst verstanden zu haben.

»*By the way*, Tantchen, es könnte sein, dass bei Pam und mir Nachwuchs unterwegs ist.«, sagte er so lässig wie möglich im Hinausgehen und weg waren sie. Wie hatte Josepha gesagt: Atme, vertraue und schau, was passiert. Und nun würde ich womöglich auch noch eine Art Oma werden. Ehrlich? Von Atmen konnte keine Rede mehr sein.

KAPITEL 6
KOCH-ORGIE IN BERLIN

Luciano traf mit 5-stündiger Verspätung um 2 Uhr in der Früh bei mir ein. Ich hatte einen Ratatouille-Eintopf gemacht, den man schnell aufwärmen konnte und von dem ich wusste, dass er ihn mochte, weil er aus mediterranen Gemüsen und vielen Kräutern der Provence bestand. Er musste ja nach der zweitägigen Reise und der Enge im Bus vollkommen erschöpft sein. Aber schon in der Haustür riss er mich in seine Arme und drückte mich so fest, dass mir der Atem einmal mehr wegblieb. Dann sagte er in sachlichem Kommandoton: »*Presto* Dusche, *mangiare* und dann inne *bed.*«

»Bist du denn nicht müde nach der Reise?«, fragte ich hilflos.

»Wenn du nicht sicher, sage gleich. Dann fahre zurück.«

Später lagen wir uns in den Armen und die Welt versank. Das Gästebett blieb unberührt. Und am nächsten Tag tat mir die Hüfte weh, denn ich hatte vergessen, Aspirin zu nehmen. »Lass dich gehän, *ti amo*«, flüsterte der Pirat in mein Ohr und ich versank in der Hitze der Nacht. Am Morgen sagte er, dass ich im Bett aussehen würde, wie eine ganz junge Frau. »Im Liegen fallen ja auch alle meine Hautfalten in Richtung Kissen«, erwiderte ich und wir lachten zusammen. Sogar im Bett. Das Altwerden war vergessen.

Am Wochenende hatte ich ein paar Freunde aus dem Club auf einen Snack und ein Glas *vino* eingeladen, wie das unter uns meist ohne viel Vorbereitung üblich war. Wir wollten ja alle fit und schlank bleiben und waren sehr beschäftigt. Nebenbei hatte ich bemerkt, dass auch Luciano aus Nizza bei mir sein würde. Und genau mit dessen italienischer Gastfreundschaft hatte ich nicht gerechnet. Da kannte er, wie sich herausstellte, kein Pardon.

»Biste du verrickt!«, schrie er. Sein Temperament war explosiv, was mir in bestimmten Situationen durchaus gefiel. »Nixe zum Essen?!« Und dann folgte eine wahre Suada über die Gastfreundschaft in mediterranen Gefilden und dass man den kühlen Nordländern im noch kühleren Berlin mal zeigen müsse, wie das zugehe, wenn man Gast in einem Haus war, in dem ein Italiener verkehrte. Dabei dehnte er das Wort »verkehrte« grinsend in die Länge.

»Ok«, sagte ich nur. Was blieb mir auch anderes übrig? Ich ließ die Dinge eben einfach nervenschonend laufen. Josepha wäre stolz auf mich und Martin, der werdende Vater, auch.

Lucianos Aufwand und das darauffolgende Chaos in der Küche waren unbeschreiblich. »Gast isse König!«, rief er erneut. Er kochte, marinierte, blanchierte und schnippelte stundenlang, was die Schränke hergaben und was er einzukaufen finanziell im Stande war. Denn mein Geld wollte er dafür diesmal keinesfalls annehmen.

Jessica und ihr Bruder (an anderen Männern hatte sie jegliches Interesse verloren), der ausgerechnet einer jener ausrangierten Gymnasiallehrer war, die ich normalerweise abblitzen ließ, und der ausgezeichnet Italienisch sprach, weil er ein paar Semester in Florenz studiert hatte, waren die Ersten. Außerdem würde meine andere Tennisfreundin Waltraud mit ihrem Partner Uwe kommen und einen »bildschönen *vino*« aus ihrem Weinkeller mitbringen. Man durfte gespannt sein, wie sich diese Konstellation angesichts meines Piraten anfühlen würde. Ich war jedenfalls entschlossen, ihm und den anderen deutlich zu demonstrieren, dass ich ihn keineswegs versteckte, sondern voll und ganz zu ihm stand. Zahnlücke hin, Zahnlücke her. Aber ein bisschen Lampenfieber hatte ich schon.

Auf diese Art »Koch-Orgie mit Publikum« schien Luciano insgeheim gewartet zu haben, denn er hatte vorsorglicherweise praktisch seinen gesamten Hausstand aus seiner Kombüse mitgeschleppt. Also, was Kochutensilien und Küchen-Accessoires anging. Ich fragte mich, wie er das alles in dem engen Flixbus untergebracht hatte und staunte über eine dünne Crêpe-Pfanne, die ich zunächst für ein Tablett gehalten hatte. Dieses Utensil war wohl ein italienisches Zugeständnis an die bedauerliche Tatsache, dass Nizza nun schon seit vielen Jahren offiziell *Nice* hieß und leider seit rund einem Jahrhundert zu Frankreich gehörte.

Ich hatte ja gewusst, dass Luciano gern kochte und dass er seine Kochkünste gern präsentierte. »Essen ist für unse *religione*!«, würde er gleich wie ein Heldentenor in die sprachlose Tennisspieler-Runde schmettern. Sie mussten sich, wenn sie eintrafen, wohl an seinen Geräuschpegel, auch was Radio und Fernseher anging, irgendwie gewöhnen. Langweilig würde es bei mir jedenfalls nicht werden.

Jessica und ihr Bruder waren, wie gesagt, als erste da und Horst, einer jener sanften Alt-68er mit Sozialtick, beäugte Luciano mit wohlwollender Nachsicht, da er ihn für einen Unterprivilegierten hielt, dessen ich mich großherzig angenommen hatte. Jessica und er hatten vor Jahren je ein Waisenkind aus Nairobi adoptiert und Horst leitete außerdem in seiner Behörde die Entwicklungshilfe-Abteilung. Ich hatte von ihm also keine Kritik zu befürchten, auch wenn Jessica es nicht gerne sah, wenn es einer jener Unterprivilegierten ausgerechnet ins Bett ihrer Tennisfreundin Sabine schaffte. Auch wenn sie manchmal ziemlich unbequem war, würde sie doch zu mir halten, was immer ich mir auch an Blödsinn einbrockte.

Horst fand es sehr großherzig, dass ich diesen Hippie aus Nizza, der in einem alten Kahn lebte, entgegen der Warnungen seiner Schwester nun in mein Leben gelassen hatte und das ganz offensichtlich auch genoss. Warum eigentlich nicht, sagte er sich im Stillen, aber das durfte Jessica nicht so genau wissen. Sie regte sich auch immer darüber auf, dass er weiterhin so viel nach Afrika spendete, wo sie doch beide schon Kinder von dort aufgenommen hatten. Jessica schaute mich lange und prüfend an, stellte einen exzellenten Roten auf die Anrichte und kam zu dem Schluss, dass mir als Workaholic dieser Luciano doch irgendwie guttat, denn ich sei ja richtig aufgeblüht, sähe mindestens 20 Jahre jünger aus und wie man hören könne, lachte ich auch viel öfter und lauter als früher. Ihr Sinneswandel unter dem Einfluss ihres gutmenschlichen Bruders war wirklich verblüffend.

Luciano entkorkte nun nicht etwa den Roten, sondern »seinen Rosé« quasi als *aperitivo*, den er extra mitgeschleppt hatte. Umsichtig füllte er die Gläser und benahm sich in seiner Rolle als »Gastgeber ehrenhalber« wirklich tadellos. Alle spürten, dass er irgendwann eine gute Erziehung genossen haben musste. Allerdings reichten seine Deutschkenntnisse leider nicht zu entsprechenden Formulierungen: Er musste mangels Vokabeln zu drastischen Sätzen in Telegrammform greifen, die dann aber in raumfüllender Lautstärke vorgetragen wurden. Als ihn nämlich Horst nach ein paar Gläsern *vino* fragte, was ihn denn besonders an mir, der etwas reiferen Karrierefrau so anziehe, rief Luciano – und das keineswegs im Kammerton – umgehend: »Aussehen top! Sex top!«, mitten in die Stille meines Speisezimmers hinein.

Nach einer kurzen Schrecksekunde kicherten die Gäste los. Waltraud stieß ihren Mann, der am lautesten lachte, vorwurfsvoll in die Rippen, denn sie goutierte solche Macho-Sprüche als langjährige Vorsitzende der örtlichen Frauen-SPD nicht unbedingt.

Was blieb mir nun anders übrig als meinerseits möglichst laut zu antworten? »Das Kompliment kann ich dir zurückgeben, *tesoro.*« Hach – nun war es heraus. Jetzt waren die zwei alten Ehekrüppel und das ältliche Geschwisterpaar an meinem Tisch vielleicht gezwungen, sich über das eigene Liebesleben Gedanken zu machen.

»*Take a seat – come si dice*? Wolle sich setze?«, fragte Luciano, dem die Komik der Situation nicht entgangen war, nun feixend in die Runde. »Habe Antipasti fertisch! Unne du, Sabine, bitte *musica*!« Er hatte jede Menge italienische Pop-CDs im Gepäck, denen die feuchte Atmosphäre auf seinem Boot erstaunlich wenig anhaben konnte. Ich drückte auf *play* und schon röhrte Gianna Nannini etwas von einem Mann, der *bello e impossibile* sei. Ausgerechnet … Horst verstand genau, was sie da sang und grinste nun auch. Luciano zwinkerte mir vielsagend zu. Wurde ich schon wieder rot?

Die Antipasti bestanden aus köstlichen, saftig eingelegten Gemüsen, die er in Einweckgläsern von seiner *mamma* mitgebracht hatte, natürlich Büffel-Mozzarella, Fleischtomaten, allerdings aus dem hiesigen Feinkostladen, weil seine auf der Fahrt leider zerdrückt worden waren. Und einen exzellenten Thunfischsalat, den er mit enorm vielen Zwiebelringen und dicken Bohnen ebenfalls erst hier eingekauft und mit reichlich Olivenöl und Modena-Balsamico angerichtet hatte. Während er in Socken mit den Platten voller Köstlichkeiten zwischen Küche und Speisezimmer hin und her eilte und es in meiner Wohnung nun erst recht wunderbar nach italienischen Gewürzen duftete, berichtete ich meinen Freunden von unserer denkwürdigen Einkaufstour: Sie staunten nicht schlecht, als sie hörten, wie mein Luciano nicht nur Auberginen, Zucchini und Tomaten im Reformhaus ausgiebig befummelt, gedrückt und eingehend auf ihren Reifegrad geprüft hatte, indem er auch noch an dem Gemüse roch. Zu allem Überfluss versuchte er auch noch, mit der Kassiererin auf Grund angeblich mangelnder Gemüse-Qualität um den Preis zu feilschen. Als ich den Gesichtsausdruck der tapferen Dame schilderte, verschluckte sich Uwe am Tunfischsalat und musste mit reichlich Rosé nachspülen.

Diesmal hatte Luciano kurz selbst am Tisch gesessen, schnell zugelangt und zugehört. Er genoss es sichtlich, zu Erheiterung und Lebensfreude beizutragen, nicht nur was das Kochen anging. Zu Hause, so erklärte er bereitwillig, kaufe man eben meist am Wochenmarkt ein, falls gerade Geld vorhanden war, und da sei es absolut üblich, ja sogar erwünscht, über den Preis der angebotenen Waren zu verhandeln. Ich merkte, dass er überhaupt gern im Mittelpunkt des Interesses dieser korrekten, ein bisschen steifen und wohlhabenden Deutschen stand, die er im Stillen deutlich als Bourgeoisie definierte, während er selbst eher zu den Bohemiens zählte. Jedenfalls merkte er, dass ich ebenfalls bester Laune war, weil meine Sportfreunde anscheinend akzeptierten, welch liebenswerten und auch noch exzellent kochenden Hippie ich mir da in mein bisher wohlgeordnetes und etwas eintöniges Leben geholt hatte. Ungeachtet dessen, wie das dann mit uns beiden ausgehen würde. Ein bisschen beneideten sie mich ja auch vielleicht um meinen späten Wagemut …

Ich sonnte mich nahezu im fremdländischen Charme dieses Mannskerls, der eigentlich mein Sohn hätte sein können. Und ich begriff erstmals, weshalb sich alte, erfolgreiche Männer mit jungen, schönen Frauen schmückten: Es ging dabei nur in zweiter Linie um die Außenwirkung. Das wichtigste war eindeutig auch für mich, dass man sich an der Seite eines so viel jüngeren Partners selbst um Jahrzehnte verjüngt und wieder begehrenswert fühlte. Auch wenn die blöde Hüfte darauf bestand, dass es sich hierbei um eine Illusion handelte. Auf keinen Fall musste der Partner ja wissen, dass man vor dem Sex gern ein paar Aspirin einwarf.

Was meine wieder erlangte weibliche Ausstrahlung anging, kam mein neuer Look nicht nur bei Luciano, sondern auch bei meinen Freunden außerordentlich gut an: Ich trug nämlich – ganz entgegen meiner Gewohnheit – nicht etwa Jeans mit legerer Bluse und bequemen Ballerinas, sondern meinen alten Hippie-Patchwork-Rock, den ich mit einem Haargummi an der Taille ein bisschen weiter gezaubert hatte, sowie eine zitronengelbe, hautenge Wickelbluse, die die Form meines stattlichen Busens deutlichst hervorhob. Luciano hatte mich nach unserer fulminanten Premiere im Bett gebeten, mich doch nun auch wieder etwas weiblicher anzuziehen. Das sei wirklich das Einzige, was er je an mir zu ändern beliebe. Offenbar lag er damit richtig.

»*High heels* auch *molto feminine*«, hatte er noch angemerkt und ich kramte folgsam meine Hochhackigen aus dem Schuhschrank hervor. Das Ergebnis war verblüffend: Alle anwesenden Männer schienen plötzlich meine Beine zu bemerken. Die beiden Frauen, jeweils in modisch schicken, sündhaft teuren, jedoch sachlich-legeren Hosenanzügen, vermutlich von Jil Sander, schauten ebenfalls, wenn auch aus anderen Gründen. Und ihre Begleiter hatten plötzlich Mühe, mir in die Augen, statt in den Ausschnitt, zu sehen, obwohl sie mich eigentlich schon ewig kannten.

Luciano lieferte zum Anblick natürlich wieder den passenden Klartext: »Wolle sehen, dass Frau eine Frau! Nichte nur inne *bed.*«, ließ er sich vernehmen und seine Geschlechtsgenossen nickten. Endlich getraute sich mal einer aufzumucken gegen diese langweiligen Emanzen-Outfits.

Ich trank natürlich ein bisschen zu viel an diesem denkwürdigen Abend und fühlte mich fast wie jener schrullige Professor Higgins in »My Fair Lady«, der sein zur Lady aufpoliertes Blumenmädchen Eliza in die Londoner Society einführte. Jedenfalls hatte auch mein *beach boy* die Probe bestanden, zumal er gerade mit Stolz und Theaterdonner den Hauptgang auftrug: minutengenau zart gegrillte Seezunge, gerade gaumengerecht blanchierter Blattspinat und ein Klacks Safranreis mit reichlich Butter, der nicht nur farblich dazu passte.

Als er mit den beladenen Tellern, die er auf einem Tablett balancierte, aus der Küche kam, wäre er beinahe über einen meiner schönen antiken Perser gestolpert. »*Porca madonna!*«, entfuhr es ihm und alle zuckten zusammen. Das tat der guten Stimmung aber keinen Abbruch.

»Sie könnten ja ein Spezialitäten-Restaurant aufmachen«, bemerkten Uwe und Horst wie im Chor anerkennend kauend und als der Historiker unter ihnen sich mit Luciano etwas länger über die wechselvolle Geschichte der Provence sowie über dessen Heimatstadt Genua unterhalten hatte, war er erneut überrascht von Lucianos Wissen. Noch vor dem Dessert war man sich stillschweigend einig, dass dieser Naturbursche nicht nur ein feiner Kerl und großartiger Koch, sondern auch keineswegs eine Art Penner war. Die kleine Zahnlücke tat eigentlich nichts zur Sache.

TEIL 2
AUFBRUCH

KAPITEL 7
ERINNERUNGEN WERDEN WACH

Luciano war sehr plötzlich abgereist in seinem Billigbus, weil er es als seine Aufgabe als Vater ansah, Streit zwischen seiner *mamma* und seiner Ex, was die Erziehung seiner kleinen Jolanda anging, staatsmännisch zu schlichten. Ich war plötzlich wieder allein in der Wohnung. Komisch: Alleinsein war mir in früheren Jahren eigentlich nie aufgefallen. Jetzt plötzlich doch. »Es ist nicht gut, dass der Mensch allein sei«, hatte meine Oma immer aus der Bibel zitiert, als ich ihr nach meiner Scheidung ständig versicherte, wie wunderbar, ja geradezu ideal, ich mich für das Singleleben einer Karrierefrau eignete.

Ich wienerte noch ein bisschen in meiner immer noch nicht ganz teutonischen Reinlichkeitsidealen entsprechenden Küche herum und flätzte mich dann auf mein mohnrotes – wohlgemerkt schon immer italienisches – Sofa, auf dem ich die wunderbaren »Paradekissen«, die von meiner Oma mit jahrhundertealten Motiven aus Siebenbürgen bestickt worden waren, prominent platziert hatte. Dunkelbraune Wolle auf naturfarbenem Leinen. »Du bist halt doch eine treue Seele«, sagte mein Ex mit leichtem Unterton, als er mal auf einen Kaffee vorbeikam, wie es sich für kultivierte geschiedene Menschen gehörte. Irgendwie hatte er schon Recht, musste ich zugeben.

Ich döste also, ein Oma-Kissen im Arm, ein bisschen ein, dachte an Luciano, der sich gerade vermutlich bemühte, zwischen *nonna* und Kindesmutter zu schlichten und geriet ein bisschen ins Träumen, wie ich es schon ewig nicht mehr getan hatte. Schließlich erschienen auch die ersten, so wichtigen Tage mit Martin vor meinen Augen, als ich ihn nach dem Unfalltod seiner Eltern zu mir genommen hatte. Seltsamerweise war es mir damals gelungen, den 13-Jährigen mit genau diesen seltsamen Oma-Kissen ein wenig abzulenken, indem ich ihm von damals, »als ich genauso alt war, wie du«, erzählte. Ja, tatsächlich, ich war auch gerade 13 Jahre alt geworden, als mir meine Oma ein Kleid für den Abschlussball in der Tanzstunde genäht hatte.

Es ist seltsam, aber plötzlich kam es mir so vor, als nähme ich – halb träumerisch – so etwas wie Pfefferminzgeruch wahr. Ich konnte den zarten Hauch förmlich spüren. Ob sie tatsächlich irgendwo um mich war? Ich hörte ihre feste, resolute Stimme, die so gut zu ihrer runden, starken Gestalt passte: »Steh' grad«, sagt meine Großmutterhinter mir und steckt mit genauen Bewegungen mein Kleid aus giftgrünem Taft ab, das sie mir für eben jenen Abschlussball der Tanzstunde näht. Sie presst die Lippen aufeinander, zwischen denen ein Kranz bunter Stecknadeln klemmt. »Den Rock mach' ich noch etwas weiter und darüber kommt Tüll. Mehrere Lagen«, sagt sie, spricht das »darüber« wie »darieber« aus und rollt das R wie jeder andere in der Familie. Außer mir. Ich sehe mich im Geiste bereits mindestens fünf Petticoats aus rosa Schaumgummi darunter tragen. Die Jungen werden schauen, weil niemand so angezogen ist, wie ich.

Im Zimmer meiner Großmutter, wo diese Anprobe stattfindet, sieht es aus wie in dem siebenbürgischen Heimatmuseum, das sie mir in einem Bildband gezeigt hat: Leinenstickereien, in dunkelbrauner Wolle auf Naturleinen gestichelte, uralte Motive, Lebensbäume, Rosenmuster. Auf dem Tisch mit den schönen Biedermeierstühlen, die sie bei Nachlassversteigerungen zu Spottpreisen erworben hat, stehen siebenbürgische Tonkrüge, manche aus vielen Scherben mit Klebstoff sorgfältig zusammengesetzt. Seltsam: Sie war ja auch Martins Urgroßmutter, hat aber nie viel Kontakt mit ihm gehabt. Dafür sog er später alle Berichte über seine Vorfahren begierig ein und wollte zunächst sogar Kunstgeschichte studieren.

Mitten im Zimmer ein hölzerner Webstuhl, auf dem Oma manchmal Wollteppiche mit Persermustern knüpft. In diesem Zimmer hängt der Geruch von Wolle und Leinen in der Luft, gemischt mit dem Duft von Pfefferminzbonbons. Diese runden, marmorierten Kugeln stehen in einem Porzellanschälchen auf Omas Nachttisch . Daneben ihr Nähkästchen. Ich krame von klein auf gern darin, probiere Fingerhüte an und wickele das schon verschlissene, nach Gummi riechende Zentimetermaß neu auf. Das ganze Kästchen hat dessen Geruch angenommen. Martin musste lachen, als ich ihm davon erzählte.

Am Fenster steht eine alte Pfaff-Nähmaschine, die, wenn sie meine Großmutter mit dem Fuß-Pedal bedient, laut ratternde Geräusche von sich gibt. Das Geräusch bildet für viele Stunden die Hintergrundmelodie meiner Kindheit. Ob Martin auch so eine Erinnerung hat? Ich sollte ihn mal danach fragen.

»Denk dir, ich war einmal eine reiche Erbin und bin vierspännig durch die Stadt gefahren, damals in Siebenbürgen«, sagt meine Großmutter manchmal eher verwundert als bedauernd. Sie ist im Gegensatz zu mir, der neuen Großmutter nicht mit der Vergangenheit geschlagen. Sie lebt ganz im Heute und trauert nicht. Auch nicht um ihre Ehe. Für Äußerlichkeiten, wie sie es nennt, und dazu zählen Seidentüchlein, Rouge oder Kölnisch Wasser, kommt Oma im Alter jeglicher Sinn abhanden. Sie ist dick geworden und trägt ungeniert die Kleider ihrer ebenfalls dicken Schwiegertochter auf. Sie spart »Lastenausgleichszahlungen« für ihre Immobilien in Siebenbürgen und kommt bald wieder zu einem gewissen Wohlstand. Sie geht, was ich als Teenie sehr bewundere, obwohl schon weit über 70 ohne Angst täglich allein im Wald spazieren. Den Schlüsselbund zur Verteidigung fest in der Hand.

Ihr kunstsinniger Schwiegersohn, mein Vater, vermisst an ihr – wohl zu Recht – den Sinn fürs Höhere. Weshalb er ihr aus dem Weg geht. Wenn sie sich unvorhergesehen treffen in unserem weitläufigen Haus, murmelt er ein geniertes »Küss' die Hand« und verschwindet. Ich lebe lange in dem Glauben, dass meine Großmutter »Küss' die Hand« heißt.

Über ihren Ehemann spricht sie so gut wie nie. Er lebt irgendwo in Bayern und kommt, ein zarter Mann mit dünnen Beinen, manchmal für ein paar Tage zu Besuch. Er lässt sich auf Spaziergängen, die er dann mit mir unternimmt, von anderen uralten Männern mit »Herr Major« anreden. Es sagt, er sei früher »k-und-k-«Offizier gewesen. Ich frage ihn einmal, was dieses »k und k« bedeute. Er sagt, das wäre die kaiserlich-königliche Armee Österreichs und dass er im Ersten Weltkrieg Adjutant des Kronprinzen gewesen sei. Ich bin sieben und stelle ihn mir deshalb als eine Art Musketier mit Federhut vor. Das und seine Geschichten über die Braunbärenjagd in den Karpaten gefallen mir sehr. Obwohl niemand in meiner Klasse einen bären-jagenden Opa hat.

Kurz bevor er stirb, kommt er ganz zur Familie, zu seiner Frau zurück. Die sitzt dann täglich an seinem Sterbebett, denn sie ist noch immer seine Frau. Trotz allem. »*Köszönöm*«, sagte er zum Schluss auf Ungarisch zu ihr, »danke«. Ich erinnere mich später vor allem an die Tränen meiner Mutter, die von ihrer Nase tropften. Ich habe sie bis dahin noch niemals weinen sehen. Die Großmutter überlebt ihren Mann um 34 Jahre. Als sie mit 93 stirbt, halte ich ihre Hand. Ich bin 39, genau andersherum wie Oma, was sie freut. Diesmal bin ich da.

Auf den Gräbern pflanze ich Jahr um Jahr im Sommer blaue und rote Blumen in den Farben Siebenbürgens. Die Friedhofsverwaltung sieht das nicht gern, denn die üppig wuchernden Pflanzen halten sich nicht an die in deutschen Friedhofsordnungen vorgeschriebenen Grababmessungen. Es gab schon mehrere Beschwerdeschreiben, die ich allerdings ignorierte. Martin findet das »cool«.

Ich streckte mich wohlig und tastete mich wieder in die Gegenwart zurück: Nicht zu fassen, jetzt war ich tatsächlich im Alter meiner Großmutter von damals. Ich wüsste ja gern, ob ich meinen Neffen und seiner Braut auch ziemlich antik und altmodisch vorkomme. Martin behandelte mich jedenfalls immer mit leichter Ironie, ein klein wenig von oben herab, obwohl ich wusste, dass er mich wirklich mochte. Als ich mich aufregte, dass er unsere Treffen immer in letzter Minute via Whatsapp auf später verschöbe, anstatt den Termin brav einzuhalten, wie ich das gewöhnt sei, nannte er das »flexibles Zeitmanagement«. Von seinen Freizeit-Gewohnheiten ganz zu schweigen. Bisher habe ich es gerade mal zur Vegetarierin gebracht, anstatt – wie mein durchgestylter Nachwuchs – bei den vielen veganen Kneipen in Berlin-Mitte ein- und auszugehen. Kochen konnte er erstaunlicherweise nach wie vor nicht, obwohl das bei jungen erfolgreichen Männern »mega in« war, und seine Pam zeigte ebenfalls wenig Neigung zur Küchenfee.

Apropos: Was für ein Segen war es, dass mir ausgerechnet Hobbykoch Luciano über den Weg gelaufen ist, dachte ich mit einem kleinen Lächeln. Auch wenn er meine Küche leider regelmäßig verwüstete. Sie könnte tatsächlich noch etwas Politur vertragen. Und schon war ich unterwegs, an meinem raumhohen Biedermeierspiegel aus Nussbaumholz im Flur vorbei. Ich warf einen Blick hinein und war's zufrieden: Die aktuelle Sabine gefiel mir eigentlich noch ganz gut. Allerdings hatte ich auch keine Brille auf, was mir eine kleine, faltenreduzierte Version meiner selbst gestattete, auch wenn gerade Pam einige meiner Vorlieben schon etwas gestrig fand.

Leicht konsterniert betrachtete sie einmal meine knallbunte Kuscheldecke, die über meine mohnrote Couch gebreitet lag. Sie ist wirklich ABSOLUT altmodisch, denn ich habe sie in zwei langen Wintern nicht nur selbst gehäkelt, sondern versuchte damit sogar, die Massen von Katzenhaaren, die Kater Pommes sonst auf meiner Couch hinterließ, einigermaßen in Zaum zu halten. Vermutlich habe ich sowas von den Großmüttern übernommen: Handarbeit und Möbel-Schonen? Ich wette, dass Pam und Martin sich darüber heimlich totlachen. Oder heißt das inzwischen wieder »Nachhaltigkeit«?

Wenigstens hatte ich ein teures Smartphone vorzuweisen – tomatenrot, nagelneu und absolut auf dem aktuellen Stand der Technik. Es war allerdings ein beklagenswertes Missgeschick, das mich zu solch einer unvernünftigen Investition zwang: Das vorherige *telefonino* rutschte mir nämlich aus der Jeanstasche direkt ins Klo, wo es unter bedrohlichem Gebrumm (man hatte ja schon von explodierenden Mobiltelefonen gelesen) via Kurzschluss sein Leben aushauchte, weil es leider gerade online war.

Ob mir Martin wegen dieses coolen Geräts – immerhin besitze ich auch noch ein iPad – nachsah, dass ich schon seit Jahren am liebsten TV-Sender wie Arte oder 3Sat schaute? »Wer diese Sender glotzt, ist alt«, rutschte ihm einmal einfach so raus. Wenigstens fand er meine ollen Hippiesachen doch tatsächlich »*vintage*«. Ich trug sie als Alt-68erin immer noch gern, zumal sie ja Luciano und meinen Freunden immer noch gefielen. Die waren allerdings mit runden 50 auch nicht mehr die Jüngsten, Luciano eingerechnet, fand mein hipper Neffe: »Mach' dir keine Sorgen, du bist ihm nicht zu reif!«, sagte er kürzlich tröstend. »50 ist auch schon alt!« Direkt verbissen hielt ich daher auch an meinem hennaroten Lockenschopf fest, der mir ständig wirr ins Gesicht hing. Luciano fand das sexy. Ich war dadurch aber auch auf den ersten Blick als Alt-68erin erkennbar. Erst recht durch den dicken Kajal-Streifen, den ich um meine Augen malte, ob das nun gerade in Mode war oder nicht. Irgendwie ging das auf meine Teenager-Ikone, die Chansonette Juliette Gréco, zurück, aber genau weiß ich das nicht mehr.

Gegen die hatte Martin nun tatsächlich nichts einzuwenden, da die Gréco für ihn eine Art weltläufige Reminiszenz für akademische Jungunternehmer darstellte. Wohingegen ich besonders bei Pam – als tatsächlich immer noch sittenstrenge Amerikanerin – durch das sture Festhalten an meiner, leider so überhaupt nicht festgehaltenen, üppigen Oberweite eher auf hartnäckigen Widerstand stieß. »Schließlich haben wir damals unsere BHs verbrannt als Zeugnisse der Unterdrückung durch die Männerherrschaft!«, wagte ich anzumerken und die Jugend wechselte dann lieber das Thema. Schließlich hieß es auch bei Alice Schwarzer: »Ein BH kommt mir nicht ins Haus!« Auch wenn mir bei meinem letzten Kopfstand in der Yogagruppe mein Busen deutlich vor Augen führte, dass ein gutsitzender Sport-BH gar keine so schlechte Idee gewesen wäre …

KAPITEL 8
MÄDELSABEND

Mein Festnetztelefon brummte: Also was Geschäftliches. Oder jemand über 60, denn die drunter hatten so etwas meist gar nicht mehr. Ich verspürte keine Lust aufzustehen, weil ich gerade mit Luciano höchst gefühlvoll whatsappte und mein Kater Pommes – sein verstorbener Bruder hieß Fritz – gerade so gemütlich auf meinem Bauch lag und schnurrte. Wer Probleme mit dem Blutdruck hat, so wie ich, sollte sich unbedingt eine Katze zulegen, denn beim Schnurrgeräusch und Kontakt mit warmem, weichen Fell sinke dieser augenblicklich, so schwören Mediziner. Die Neugier siegte jedoch über die Bequemlichkeit, wie meistens, und ich rappelte mich auf. Pommes erhob sich ungnädig von mir als Unterlage, verstummte vorwurfsvoll und seine Krallen verhakten sich wie üblich in meiner geliebten Häkeldecke und zogen Fäden. Das hätte ich nun davon, schien Pommes' Blick zu sagen.

»Hallöchen, ich wollte bloß mal hören, wie's dir geht«, erkundigte sich meine Freundin aus Schulzeiten, Gisela, sehr munter und unterdrückte dabei leider ihren schwäbischen Sound, der mich anheimelte. Wir lebten beide schon ewig in Berlin-Mitte. »Habe gerade meinen Enkel gehütet und mit ihm für die Schule gelernt«, fügte sie hinzu und ich fühlte einen leisen Stich des Neides sowie der Unterprivilegiertheit, weil eigentlich alle meine Freundinnen bereits Enkel hatten. Außer mir. Eine sogar sieben an der Zahl, weil sie vorsorglich drei Kinder geboren hatte.

»Mir wollet ons demnäscht mal wieder treffe«, sagte Gisela, die meist die Initiative ergriff und uns alle anrief. »Hasch du Zeit?«

»Ich denke schon. Aber es gibt auch News: Stell' dir vor, mein Neffe Martin hat eine neue Freundin, eine Amerikanerin namens Pam. Er hat kürzlich so eine Andeutung gemacht, als ob sie bald eine Familie gründen wollten …« Der Stolz in meiner Stimme war nicht zu überhören. Reichlich verfrüht, muss ich zugeben.

»Ja, isch die denn schwanger?«, fragte Gisela, wie immer auf den Punkt kommend.

»Ähm, nein, es hieß nur, dass vielleicht bald mal etwas unterwegs …«

»Ach so!« Gisela klang irgendwie erleichtert. Wir hatten zwar beide Erfolg im Beruf, aber sie war mir nun als Oma eines aufgeweckten, hübschen Enkels um – nahezu – Welten voraus, was ihr natürlich besser gefiel als mir. Hatten wir früher um akademische Abschlüsse und erst recht um vorzeigbare Ehemänner konkurriert, waren nun längst allmählich die Enkel dran. Denn um die erwachsenen Kinderlein oder gar um unsere Attraktivität ging es nun eher weniger.

»Ich komme gern, wann hättest du denn gedacht«, fragte ich eilig.

»Kansch du am näxde Mittwoch? Mir gehet dann ins Lampedusa, meinen die anderen.«

»OK, ich freu' mich. Ich lade euch natürlich alle ein, weil ich ja vielleicht auch bald mal Omma werde.«

»Isch recht, aber du zahlsch nur die Getränke!« Gisela sparte als Schwäbin sogar über sich selbst hinaus.

»Auch gut«, sagte ich, »das wird sowieso teuer genug bei Euch ... Bis dann. Gib' noch Bescheid um wieviel Uhr!« »Adele!«, rief Gisela, wie einst am Pausenhof. Dann beeilte ich mich, wieder auf die Couch zu kommen, wo mein Kater mit gelangweiltem Blick auf mich, seine weiche und warme Unterlage wartete und das Schnurren natürlich einstweilen eingestellt hatte.

Das Lampedusa war der zweit-angesagteste Italiener von Mitte, zu dem ich auch meistens mit Luciano oder Friedrich ging. Seltsam, auf wie wenige Lokale sich die Cliquen der Stadt immer ganz selbstverständlich einigten. Ob es so eine Art Buschtelefon gab? Das Borchardt als Nummer 1 erschien uns etwas außerhalb unserer Reichweite – den Schwäbinnen aus anderen Gründen erst recht.

Wie immer empfing uns eine gepflegte Atmosphäre, gedämpftes Licht, italienische Schnulzen in geraumtem Ton und eine große Anzahl hübscher junger Kellner, die von Tisch zu Tisch glitten wie auf Rollerblades. Sie schafften es, irgendwie in der Überzahl zu erscheinen und damit den Ruf des Etablissements zu festigen. Ich konnte – wie immer – die Speisekarte kaum entziffern, weil ich es vermied, vor irgendjemandem, sogar vor meinen alten Schulfreundinnen, meine Brille aufzusetzen. Eitle alte Kuh, beschimpfte ich mich im Stillen und das mit 70plus.

Heute wollte ich dem restlichen versammelten Kreis stolzer und multipler Großmütter verkünden, dass in meiner Familie womöglich ja endlich auch Nachwuchs unterwegs sein könnte. KÖNNTE! Denn Martin und Pam hatten sich eigentlich lediglich zum PLAN einer Familiengründung geäußert. Nicht gut, aber egal: Ich würde auf Teufel-komm-raus nachziehen, wenn es sein musste, halt nur verbal. Und wer weiß, vielleicht fühlte sich dann ja auch die gute alte Vorsehung irgendwie überrumpelt …

Da saßen sie also alle wieder, unsere ganze Clique von damals: Gisela, Cordula, Sophie, Anni und ich. Laura war beruflich in den USA und deshalb verhindert. Sie sahen eigentlich aus wie immer, aber sie wurden ihren eigenen Müttern, bei denen man vor Ewigkeiten mitunter zum Essen war vor dem Nachmittagsunterricht, *peu à peu* immer ähnlicher. Wir alle. Von mir sagten sie das auch. Graue Strähnchen sah man inzwischen, teure Haarschnitte, elegante Kostüme oder auch Hosenanzüge. Nur ich trug stur die Jeans von dunnemals. Allerdings in Größe 42 statt in 38, Mütterhintern gehen auseinander, Omahintern erst recht.

Freundin Cordula schaute mehrmals nervös auf ihr Handy. »Mein Mann sieht es nicht so gern, wenn ich abends weg bin«, sagte sie entschuldigend. Er hat schon angerufen.«

Alle vier Weibsbilder lachten. Wir waren damals schließlich alle frauenbewegt. Aber Cordula hatte anscheinend gar keinen Witz gemacht. Zwei von uns waren geschieden, zwei (bisher) nicht. Die statistischen 50 Prozent in den Großstädten. Wir machten uns eifrig gegenseitig Komplimente und logen ungeniert: »Du hast dich wirklich all die Jahre kaum verändert«, sagte ich zu Anni gewandt. Die war hoch erfreut und gut geliftet aus dem Urlaub in Kalifornien zurückgekommen. »Ich finde, du hast noch immer diese super Figur«, meinte Cordula nun ihrerseits und mich freute es, obwohl davon natürlich keine Rede sein konnte. Hörte sich aber tröstlich an.

»Na hör' mal!«, sagte ich vorwurfsvoll. »*Salute*, ihr Lieben! Wie es aussieht, bin ich demnächst vielleicht auch endlich im erlauchten Kreis der Ommas angekommen.« Nun war es heraus. Viel zu früh! Aber ich konnte es immer noch nicht lassen, mit Dingen anzugeben, die noch gar nicht eingetroffen waren. Oder konnte man das Schicksal so auf die richtige Spur bringen?

»Das ist ja wunderbar«, juchzte Anni und verschluckte sich am exzellenten Chablis, den alle kaloriensparend tranken. »Aber heißt demnächst vielleicht?« Anscheinend kannte sie meine Eigenschaft des übertriebenen Optimismus noch immer. Wir hatten ja immerhin fast 10 Jahre in derselben Klasse Freud' und Leid geteilt, und währenddessen kaum eine Eigenschaft geheim halten können.

Ich hätte ja wirklich lieber einen öligen Rotwein getrunken, wie zum Beispiel den exzellenten Barolo, der angeblich so gut für die Herzkranzgefäße – und somit wohl auch für meinen meist zu hohen Blutdruck – sei. Aber die meisten bevorzugten halt den leichten Weißen. Vermutlich wegen der Kalorien oder wegen des Alkoholgehaltes, und ich war zu faul, mich durchzusetzen und passte mich der Mehrheit an.

»Naja, mein Neffe, ihr wisst, den ich nach dem Tod meiner Schwester angenommen habe, hat eine neue Freundin: Pam. Wie Pamela Anderson. Und so sieht sie auch aus. Sehr wuchtig, weiblich und fruchtbar könnte man sagen. Sie haben gewisse Andeutungen gemacht, eine Familie gründen zu wollen.«

»Ja, ist das denn nun fix oder eine von deinen positiven Affirmationen?« Alle kicherten in sich hinein. Wir hatten alle schon rote Backen vom Wein und vom guten Essen. Kinder und Küche hatten uns damals schon nicht mehr gereicht. Alle hatten wir ein Studium und ein Berufsleben, die meisten waren noch aktiv. Genau wie ich. Und das vor allem aus Angst, endgültig zum alten Eisen gerechnet zu werden. Omas wollten wir dennoch alle sein. Komisch. Vielleicht als Zeichen indirekter Fruchtbarkeit oder der Überlebensfähigkeit unseres Stammes?

»Kann man eigentlich etwas gegen Altersflecke tun?«, fragt Sophie etwas abrupt in die Runde. Sie hatte längere Zeit betreten auf ihren rechten Handrücken geschaut.

»Ich hab' da so eine Bleichcreme«, sagte Anni, die meistens praktischen Rat wusste.

»Meine Oma hat ihre Hände immer mit Zitronensaft abgerieben«, fügte ich hinzu, »sie roch immer nach Zitronensaft und hatte keine Altersflecken. Dafür haben ihre Hände und alle Türklinken bei uns geklebt«, brachte ich meine, wie üblich etwas schrägen, Kindheitserinnerungen zu Gehör und lachte dabei zu laut über meinen eigenen Witz. So, wie es diese pummelige TV-Moderatorin mit goldgelber Lockenmähne gern tat. Irgendwie waren solche Treffen immer ein guter Anlass, klammheimlich wieder mal Bilanz zu ziehen. Ob man sich dabei als ältere Frau nun eher zur Kategorie Kuh oder Ziege zählte, wie das glatzige Männer mit Bierbauch mit uns gern tun, blieb natürlich offen. Zweifellos hat Älterwerden etwas Demokratisches: Es trifft früher oder später jeden und jede von uns, die Hübschen besonders hart. Meine Freundin Renate, Schauspielerin von Beruf und optisch eher vom Charakterfach, sagte mir mal feixend: »Beim Altwerden hab' ich es besser als du. Ich war immer schon greislig – du musst dich erst dran gewöhnen.«

Am Nebentisch hatte ein Herr gerade sein Laptop aufgeklappt und tat so, als ob er unaufschiebbare Dinge zu erledigen habe, was ihn natürlich als wichtig kennzeichnen würde. Früher hätte so einer ein Gespräch mit uns angezettelt und uns sogar seine Visitenkarte mit privater Telefonnummer aufgedrängt. Herr Wichtig sah aus wie einer aus Herne auf einem Businesstrip: millimeterkurz geschorene Hare, um die beginnende Glatze zu kaschieren, Dreitagebart, edel knitternder Anzug, Button-Down-Hemd von van Laack (altmodisch) und eine schwarze Riesen-Brille (topmodisch). Sein Klon kam zum gemeinsamen Tisch, nur ganz leicht variiert, und sie begrüßten sich mit dem markig klatschenden Männerhandschlag der Erfolgreichen.

Was mich betraf, hatte ich, was die Garderobe angeht, außer beim *vino* eher keine Neigung zu edlen Dingen, wie manche meiner Schulfreundinnen. Ich stellte meine Garderobe hauptsächlich bei H&M und aus Angeboten zusammen und hoffte nun zuversichtlich auf den Fundus meiner Quasi-Schwiegertochter Pam, was Geld sparen und sie mir gleichzeitig näher bringen könnte. Sie hatte nämlich, wie die echte Pamela, durchaus markante Rundungen, die den meinen durchaus entsprechen, allerdings nur oberhalb der Taille. Ihre Outfits kamen also durchaus in Frage. Vor allem, wenn sie tatsächlich … naja … also, hoffentlich …

»Ich muss aber allmählich, der Hund macht Terror, wenn ich nicht …«, sagte Cordula etwas unpassend in eine satte Stille hinein. Wir hatten alle gegrilltes Gemüse bestellt, manche mit Scampi, manche ohne, aber durchaus viel davon. Cordula war damals in der Schule – außer mir – als erste vom Sportunterricht befreit. Ich versteckte meinen Busen damals unter den weiten, selbstgestrickten Pullovern meines riesigen Vaters, die immer ein bisschen nach seinem Rasierwasser Pitralon rochen. Später benutzte er lieber Armani. Gisela hingegen soll einst, angetan im dunkelbraunen Kratzpulli und viel zu kurzen Jeans, bei Blockaden in Gorleben endlos mit peinlich berührten Polizisten diskutiert und sich danach nur äußerst widerstrebend wegtragen haben lassen. Es ist also anzunehmen, dass sie von ihrem Projekt »Sabine zahlt hier nur die Getränke« nur schwer würde abzubringen sein.

»Du musst doch nicht das machen, was dein Mann will«, insistierte ich. Alkohol und besonders der schöne Chablis, den ich nun auch, mit Unmengen stillen Wassers, wie alle anderen trank, machten mich wie üblich uneinsichtig. Dass ihr Mann ungern mit dem Hund rausging, hatte sie uns bereits berichtet. Cordula schwieg. Inzwischen war es gegen Mitternacht und ich hatte mich mit Sonja festgeredet: Wir tauschten Artigkeiten über unsere Berufe aus und lobten uns gegenseitig in den höchsten Tönen. Wir waren beide geschieden, was auch nach Jahren noch zu einer gewissen Solidarität führte. Wir waren zwar nie beste Freundinnen, aber dafür in ähnlichen Sparten tätig. Was uns aber leider immer noch um Welten voneinander unterschied, war, dass sie eine mehrfache Oma war und ich eben nicht. Aus einem etwas dürren Mädchen mit dem Teint einer Clearasil-Werbeschönheit bzw. der eifrigen Chorsängerin, die stets stramm sitzende BHs trug, war eine toughe Anwältin geworden, die am liebsten in Tennishemden und Sporthosen herumlief, und deren Lieblingsthema »Verhaltensforschung« war. Hellbrauner Kurzhaarschnitt, praktischer Hosenanzug, Mokkassins Ton in Ton. Ihre Haut war immer noch erstaunlich glatt. Obwohl sie vier Kinder großgezogen hatte neben dem Beruf. Wenn da mal kein Botox im Spiel war, denn ihre Mimik erschien höchst sparsam. War das schon immer so?

»Ich denke, ich muss mich noch etwas in Geduld fassen mit dem Enkel«, lenkte ich ein und schnaufte laut und bedauernd auf. Die Luft im Lampedusa war wirklich mustergültig. Früher hätte man sie – als noch geraucht wurde – kurz vor Mitternacht schneiden können.

»Wisst ihr noch, wie man früher nach so einem Abend die Klamotten auf den Balkon hängen musste, weil sie so nach Rauch stanken?«, fragte Anni in die Runde. Es wurde am Tisch allmählich ein bisschen stiller, denn der Aufbruch stand im Raum. Ich machte einem der attraktiven Ober ein Zeichen wegen der Rechnung. Aber Gisela, die Pfennigfuchserin, hatte aufgepasst:

»Bloß die Getränke!«, rief sie. Dachte sie womöglich, ich könnte mir die ganze Rechnung für vier lustige und trinkfeste ältere Damen nicht leisten? »Bei dir muss man aufpassen mit der Rechnung, Mathe war ja noch nie so deine Stärke«, witzelte Gisela und war dadurch plötzlich meine gönnerhafte Verteidigerin. Eine Rolle die ihr offenbar lag. Sie war von ihrer Mutter der 60er Jahre kaum mehr zu unterscheiden. Ich musste aufpassen, dass ich nicht »Frau Schneider« zu ihr sagte. Die lebte schon lange nicht mehr.

Gisela war inzwischen erblondet, sehr dünn und kleidete sich mit dem lässigen Chic der Französinnen. Sie reiste beruflich oft nach Paris und das merkte man ihr auch an. Ein bisschen mehr auf den Knochen würde ihr guttun, sie sähe dann sicher ein bisschen weiblicher aus. Ihr Teint war von vielen zarten Knitterfältchen übersäht. Ihre leicht schrägstehenden, braunen Augen hatten kleine grünliche Krater in der Iris. Das war mir bisher gar nicht aufgefallen. Vor vierzig Jahren hatte ich keine Augen für die Iris meiner Mitschülerinnen. Inzwischen vermochte ich es offenbar, genau hinzuschauen – Handwerkszeug in meinem Coaching-Job. Ob ich mal ein Seminar über Omas oder besser für verhinderte Omas anbiete? Wie sie damit zurechtkommen, dass nach ihnen keiner mehr kommen wird, der sich noch an sie erinnern kann? Komisch, wie mir das Thema Enkel unter die Haut ging. Nur weil ich keinen hatte? Jetzt wo sich unser Leben langsam rundete wie unsere Hüften?

Was mir aufiel: Sonja hörte trotz später Stunde immer noch sehr aufmerksam zu. Fragte gezielt. Sie wirkte etwas abgespannt. Wir hatten uns immer schon gegenseitig interessant gefunden. Anders irgendwie. Ich hatte zwar schon nach den Obern gerufen, aber sie fragte unbeirrt weiter. Die Ober hier hatten es nämlich nicht eilig.

»Glaubst du, dass man sich im Prinzip immer treu bleibt, egal in welchem Alter?«, fragte sie. Bisschen ernsthaft für den heutigen Rahmen. Aber sie saß direkt neben mir und ich konnte ihrem Tiefsinn nicht entwischen.

»Ich denke, dass sich in den Grundzügen keiner wirklich verändert, das sehen wir doch heute Abend wieder sehr genau«, ging ich auf Sonja ein. Leider war immer noch kein Ober im Anmarsch. Sonja merkte wohl, dass ich wieder halbwegs ins Gespräch einstieg.

»Was würdest du denn anders machen, wenn du nochmal anfangen könntest?«, insistiert sie. Ihre Fragen hatten es schon in der Schule in sich. Manchen Lehrern war das peinlich.

Ich musste nicht lange überlegen. Ich überlege eigentlich nie lange. »Nichts! Ich wollte immer, dass es für mich rote Rosen regnet. So wie in dem Chanson von Hildegard Knef.« Sie antwortete nicht. Vermutlich war ihr die Antwort zu boulevardmäßig und nicht ernsthaft genug. Genau wie früher. Sie hielt mich schon damals für oberflächlich. Ihr Blick wurde mir langsam unangenehm. Also rief ich nochmals nach dem Ober. Keiner reagierte. Themawechsel war einstweilen angesagt, sonst gäbe es kein Entrinnen vor Sonja.

»Könnt ihr euch eigentlich noch an unsere Abiturfeier erinnern?«, fragte ich heiter in die Runde. »Ich naturgemäß nicht. Obwohl ich euch damals alle noch nach Hause gefahren habe mit dem Auto meiner Mutter. Filmriss!« Niemand ist wirklich fasziniert, denn die Geschichte kennen alle seit Jahrzehnten auswendig.

Immerhin, Anni juchzt wie üblich: »Hach, das waren noch Zeiten, gell!?«

Ihr Haar war orange, immer noch so dünn wie früher, der Rest der Frau komischerweise auch. War das am Ende ein Schönheitschirurg, der am Fett ihrer Dreißiger herumgeschnibbelt und es abgesaugt hat? Ihre Kommentare waren von freundlicher Einfalt, so wie früher. Wir unterhielten beide sehr umfangreiche Mailkontakte in aller Herren Länder, sie aus echtem Interesse, ich, um mich bei Martin interessant zu machen. Nun kam ja dann noch seine zauberhafte Pam hinzu. Und hoffentlich, hoffentlich wirklich noch sowas wie ein Enkelchen!

Was Luciano anging, hatte ich mich vorerst lieber in Schweigen gehüllt. Die meisten von den Mädels kannten meine Lebensgeschichte mit einer eher fatalen Vorliebe für sehr gut aussehende, aber nicht sehr seriöse Männer durchaus genauer, da ich nicht zu denen gehöre, die mit ihrem Privatleben hinterm Berg halten. Aber ich wollte diesmal etwas klüger sein als sonst und mir danach kein »das hätte ich dir doch gleich sagen können« einhandeln. Und zwar von einer wie Gisela, die seit 40 Jahren mit ihrem einstigen stinklangweiligen Tanzstundenherrn verheiratet war.

Ich schwieg ungewöhnlich lange. Und siehe da: Meine Schulclique erwachte nochmals zum Leben: Zwei erzählten sich von ihren untreuen Ehemännern, Gisela leerte noch schnell zwei Gläser Mineralwasser ohne Gas, sinnierte über das Schicksal und wendete sich schließlich zu Anni. Die zeigte schnell noch Bilder von ihrem Sommerhaus an der Côte und von ihrer großen Kinder- und Enkelschar, die selbstverständlich alle Elite-Internate besuchten. Ich konnte leider nicht länger an mich halten:

»Ich hab' übrigens einen neuen Lover«, blöke ich in die schon aufbrechende Runde. Gorbis Spruch, dass, wer zu spät kommt, vom Leben bestraft wird, schien nicht einzutreffen: Vier hellwache Augenpaare wendeten sich mir mit voller Aufmerksamkeit zu.

»Ond was isch des diesmal für oiner?«, fragt Gisela und sprach allen aus der Seele.

»Ein Hippie aus Nizza«, sagte ich und hatte dabei das Gefühl, aus diesem Kreis ganz und gar hervor zu stechen. Wieder mal. »Fast 20 Jahre jünger …«

»Ja warom willsch du dann denn jetzt Oma werde?«, sagte Sophie atemlos.

»Ich will auf keinen Fall als eine Art Sackgasse enden, als eine Art Endstation meiner Familie. Hippie hin oder her!« Damit stand ich auf, hatte die Bombe zufrieden geworfen und machte mich an die Lektüre der Rechnung für heute Abend. Der Kellner war endlich da und präsentierte mir die ganze Rechnung: Sie war lang. Sehr lang.

»Nur die Getränke für meine Freundin Sabine,«, sagte Gisela sehr bestimmt zu dem Ober und er begab sich seufzend zum Tresen, um zwei neue Rechnungen auszudrucken. Schließlich zahlte ich brav und sogar irgendwie erleichtert die Getränke und Gisela schaute mich zufrieden und ein bisschen triumphierend an, als hätte sie mich vor den Bullen in Gorleben gerettet.

KAPITEL 9
COACHING-SEMINAR

Nach dem stundenlangen Herumsitzen mit meinen Mädels auf den steinharten Bistrostühlchen tat mir – wie erwartet – am nächsten Morgen die Hüfte weh. Genau genommen alle beide und ich suchte wie gewöhnlich Zuflucht in den »Übungen zur Aktivierung der Hüften«, die mir meine Kollegin Renate vor etwa einem Jahr wärmstens empfohlen hatte. Mit diesen zwei Videos, herausgegeben von einer Krankenkasse und der Sporthochschule in Köln, moderiert von einem feschen und fitten Sport-Professor, hat Renate nach einem Oberschenkelbruch durch konsequentes Üben dieser Bewegungsabläufe ihren Gehapparat wieder wunderbar in Form und zum Funktionieren gebracht. Ich bin Zeuge. Und siehe da: Die Übungen halfen tatsächlich auch mir. Sie allerdings auch gewissenhaft durchzuführen, dauerte für beide Übungsteile je 20 Minuten, einer im Liegen, der andere im Stehen und danach konnte ich einen Tag kaum mehr gehen – so weh taten mir die morschen, jedoch nunmehr trainierten Knochen.

Aber da müsse man halt durch, meinte Renate, denn tags darauf sähe es mit dem Befinden schon deutlich besser aus: Die Knorpel in den Hüftgelenken seien durch diese Übungen wie neu geschmiert, sofern man jedenfalls eine OP oder gruselige Spritzen mit Hyaluronsäure direkt in die Hüftgelenke vermeiden wolle. Sehr sexy war das alles wirklich nicht, weshalb ich mich Luciano gegenüber hinsichtlich Alters-Zipperlein strikt zurückhielt. Schließlich gab es ja auch noch Diclofenac oder das liebe Ibuprofen, wenn ich einen seiner jähen Besuche so geschmeidig und unauffällig wie möglich überstehen wollte. Und wer weiß überhaupt, ob er nicht auch früher mal fitter war als heute, mit immerhin 50 Jahren …

Tja, und so lag ich denn am Morgen nach dem Restaurantbesuch folgsam in meinem Bett auf dem Rücken und dehnte und streckte und beugte meine armen Beine, deren Gelenke vor höchst verhaltener Begeisterung fröhlich knackten, was anzeigen sollte, dass man genau das Richtige zu ihren Gunsten tat, auch wenn es sich überhaupt nicht danach anfühlte.

Es hatte sich inzwischen eine gewisse neue Morgen-Routine bei mir eingestellt, sodass ich als Allererstes an Luciano dachte, dann an meine Gelenke und zum Schluss – und das am längsten – an meinen Job. Das war auch notwendig, wenn der Rubel weiterhin rollen sollte und ich in der Sparte »Coaching für freudiges Älterwerden« nicht nachlassen wollte. Denn diese hatte sich durchaus als meine Nische oder wenn man so will »Marktlücke« erwiesen. Erwähnte ich nicht gestern in fröhlicher Mädelsrunde etwas von einem Seminar, das ich für meine Klientinnen, die meist in unserem Alter waren, abzuhalten gedachte? Der Titel schwebte mir auch schon vor, denn seltsamerweise war mein Hirn gleich morgens beim Turnen ebenfalls am aktivsten: »WARTEN AUFS ERSEHNTE ENKELKIND: Wie Frauen lernen, sich besser in Geduld zu üben« Wo? Bei der Expertin Sabine K. natürlich. Die Kursgebühr war keck, aber was gut ist, hat natürlich seinen Preis.

Auf meiner Homepage und in meinem Newsletter war bereits am nächsten Tag jenes Kursangebot zu lesen, ansprechend garniert mit einem bunten Bildchen, das eine verliebte Oma mit schnuckeligem Enkel zeigte. Der Zuspruch war entsprechend groß. Wer hätte gedacht, dass in der hippen Weltstadt Berlin dermaßen viele ältere Frauen, die sich keineswegs als »älter« betrachteten, Monat für Monat dem positiven Ergebnis von Schwangerschaftstests heftiger entgegenfieberten als die potentiellen Väter? Die sahen das Thema deutlich lockerer.

So wie Martin. Von ihm und Pam hatte ich nämlich schon länger nichts mehr gehört und schon gar keine erfreulichen Nachrichten erhalten, die sie mir doch bereits so zartfühlend in Aussicht gestellt hatten. Eines war mir jedenfalls von Anfang an klar: Pams höchst femininer Body und Martins balkanesische Libido würden durchaus für eine baldige Empfängnis sorgen. Meinem Neffen schien es mit dieser attraktiven und klugen Frau durchaus ernst zu sein. Wurde ja auch langsam Zeit, oder?

Ich entschied mich dafür, bei solch einem intimen Thema keine allzu großen Gruppen zu bilden, sondern eher kleinere »Gesprächskreise«, bei denen niemand Hemmungen hatte, den anderen Frauen und mir sein Herz auszuschütten und ganz besonders meinen Beistand und Rat anzunehmen, der bekanntlich teuer ist. Und tatsächlich erschienen wenig später in meinem »Hoffnungs-Kurs 1« einige sehr interessante Frauen, um sich erst einmal vorzustellen und ins Gespräch zu kommen: Alberta aus Ungarn, die sich schon durch ihre Art zu sprechen von den anderen abhob, machte tapfer den Anfang. Schicker Kurzhaarschnitt grau-melierter Haare, locker sitzende Wollhose und eine jener langen Designer-Jacken, die sehr lässig überflüssige Pfunde verbergen. Ihre schwarzen Augen schauten selbstbewusst in die Runde.

»Falls meine Tochter Gabrrriela bald Mutter wird, bin ich schon ganz fest eingäplant. Sie verrrtraut das Großziehen ihrer Kinder lieber mir an, als bezahltäm Personal. Sie ist berrruflich sähr erfolgreich und ihr Mann auch. Sie sind oft auf Geschäftsrr-reisän und da kann ich als Single-Oma natürlich sähr gut eins-prrringän.« Ihr leichter Akzent klang wirklich bezaubernd und passte zu ihr. Alberta hatte, wie sie weiter berichtete, eine schlimme Scheidung von Gabis Vater hinter sich und musste sie sehr bescheiden großziehen. Dafür bekam ihre Tochter sehr viel Liebe und Zuwendung und schätze das noch heute.

»Unser Kontakt ist auch nach ihrrrem Auszug sähr eng ge-bliebän und so soll das auch weitär gehen«, betonte Alberta sehr entschieden. Sie wusste offenbar genau, was sie wollte. Wir schwiegen alle und ich ermunterte Alberta, weiterzusprechen. »Ich würde auch meinen Enkeln viel Liebe geben,« fuhr sie fort, und »auch für mich wäre es schön, wieder eine große, warrrmä Familie zu haben. Als Vorbild habe ich einen Geschäftspartner, der in den USA lebt und regelmäßig von all seinen Kindern und Enkeln besucht wird.«

»Wie sicher sind Sie denn, dass sich Ihr Nachwuchs für Kinder entscheidet? Schließlich ist Ihre Tochter, wie Sie sagen, schon gut über 30 …«, werfe ich vorsichtig ein.

Alberta lächelt: »So schlimm wäre es gar nicht, wenn ich keine Enkel bekommen würde. Gabi hat mein früheres Leben bereits enorm bereichert. Aber für sie täte es mir säääahr leid. Denn sie weiß ja eigentlich ja noch gar nicht, was sie verpassen würde. Sie kennt es ja nicht, wie toll es sich anfühlt, eine Mutter zu sein.«

»Und was sehen Sie als Lösung an, sollte es nicht zu Enkeln kommen?«, frage ich weiter. Alberta weiß spontan, wie sie dann vorgehen würde: »Was mich betrifft, würde ich dann halt ein bisschen öfter nach New York fliegen.«

Die drei anderen Frauen und ich applaudierten spontan. Und nun war Valerie dran: Sie stellte sich als IT-Spezialistin mit eigenem Büro vor. Blond, sehr zurückhaltend und keineswegs so siegessicher wie Alberta. Sie schaute sich in meinem sehr sparsam mit teuer aussehenden Stahlmöbeln und schneeweißem Zubehör ausgestatteten Homeoffice irgendwie hilfesuchend um. Dann aber kam sie zur Sache: »Alle meine Freundinnen haben schon erwachsene Enkel und viel Freude mit ihnen. Deshalb gebe ich die Hoffnung nicht auf, auch wenn mein Sohn schon fast 50 ist. Aber das macht bei Männern ja nichts aus. Seine erste Frau hatte Krebs und hat deshalb keine Kinder bekommen. Inzwischen haben wir eine neue Schwiegertochter, die uns wieder Hoffnung gibt. ›Ich wäre so gern Papa‹, hat er kürzlich zu mir gesagt und ich habe sofort losgeheult. Mein Sohn ist als Designer tätig und sehr viel unterwegs. Er lebt mitten in Neukölln und wir in Potsdam, ich könnte mir aber als Selbständige viel frei geben und zum Babysitten zu ihm fahren.«

»Wie steht es denn mit der Beziehung zu Ihrer neuen Schwiegertochter? Die ist ja nicht unwichtig …«, warf ich ein.

Valerie schluckte: »Zum Glück verstehe ich mich mit ihr sehr gut. So gesehen, hoffe ich schon noch insgeheim auf Enkelkinder, sage das aber meinem Sohn lieber nicht. Dass der Kontakt zu den erwachsenen Kindern nämlich durch die Enkel wieder intensiver wird, beobachte ich bei allen Freundinnen, die schon Omas sind. Das wäre für mich auch wichtig, denn so oft sehe ich meinen Sohn zurzeit leider nicht. Mir wäre auch eine Schwiegertochter mit Kind sehr willkommen gewesen. Denn mein Sohn hätte dieses Kind sicher voll akzeptiert und wir als »Stief-Großeltern« genauso. Ich könnte mich dann zusammen mit meinem Mann als Großeltern richtig austoben. Es wäre in diesem Fall auch kein Problem, wenn unser Sohn dann keine leiblichen Kinder mehr bekäme.« Valerie beugte sich zu mir, nahm sich ein Tuch aus meiner bereitgestellten Kleenex-Schachtel und tupfte sich vorsichtig die Augen, wo das Mascara bereits dunkle Spuren hinterließ. Die anderen Frauen schauten teilnehmend. »Stief-Großmutter« war für die anderen offenbar keine Option.

Als Letzte kam nun Erika zu Wort. Eine große, braunhaarige Frau mit mindestens 1,80 Gardemaß – von Beruf ausgerechnet Erzieherin in einem vegetarischen Kinderladen, bei mir ganz um die Ecke. Ich hatte mir die Adresse bereits für Martin notiert. Sie wirkte sehr natürlich, viel jünger als sie war, vollkommen ungeschminkt, seit langem geschieden und sagte mit einer sehr weichen Stimme: »Manchmal piekst es mich schon noch, dass ich meiner Tochter keine intakte Familie bieten konnte. Sie hat aber trotzdem ihren Weg gemacht. Als sie acht war, zog ihr Vater aus. Das hat sie natürlich geprägt. Ich habe wohl damals einiges falsch gemacht, denn mein Mann suchte sich eine sehr viel jüngere Frau, die ihn total angehimmelt hat. Das habe ich ihm wohl vorenthalten, da ich selbst recht erfolgreich war. Ich bin stolz darauf, dass ich meiner Tochter eine gute Schul- und Berufsausbildung ermöglichen konnte. Ich kam mir nach der Scheidung erst mal sehr verloren vor, weil ich alles allein entscheiden musste. Vielleicht hat meine Tochter daraus die Lehre gezogen, dass man sich besser nicht auf einen Mann verlassen sollte?«

»Denken Sie, dass Sie ihr das irgendwie vorgelebt und vermittelt haben?«, fragte ich.

Erika schaute mich lange an. Sozusagen von oben herab. »Sie freut sich jedenfalls, dass es mit meinem neuen Partner so gut läuft. Die Kinder freuen sich ja besonders, wenn die alternde Mama gut »aufgeräumt« ist und keine Probleme macht. Zwischen uns beiden ist alles paletti. Aber sie hat sich mit ihren fast 40 bis heute noch nicht auf eine Partnerschaft festlegen können und wollen. Und auf eine richtige Familie mit Kind schon gar nicht. Ich könnte mir aber schon vorstellen, dass ich an einem Enkel diese Scheidung irgendwie gut machen würde. Immerhin waren wir zehn Jahre lang eine glückliche Familie. Komischerweise plagt es mich immer noch, wenn meine Tochter mit ihrem Vater Streit hat. Obwohl mich das ja eigentlich gar nichts mehr angeht.«

Nun verdrückte auch Erika ein Tränchen, kramte aber selbst ein Tempo aus ihrer Jeanstasche. Dann fuhr sie fort: »Sie sagt, dass ich an der Scheidung nicht schuld war. Das entlastet mich schon und ich muss deshalb nicht um jeden Preis noch Enkel haben. Das liegt auch an den vielen Reisen, die mein Partner und ich unternehmen. Außerdem hat er auch einen Sohn aus erster Ehe, der keine Kinder hat. Da wären wir beide ja auch gar nicht die »echten« Großeltern.«

Soweit meine drei gesprächigsten Teilnehmerinnen – die anderen hörten lieber erst mal zu. Doch nun kam der echte Coaching-Teil, der mich als Expertin erst richtig forderte. Mein Herz klopfte, als ich quasi Farbe bekennen musste, was den Nutzen unseres Seminars betraf.

»Welche Gründe stecken denn nun hinter einen sehnlichen Kinderwunsch?«, wollte ich gleich eingangs von meinen Teilnehmerinnen wissen. Es ist immer gut, zunächst Fragen zu stellen, anstatt zu dozieren. Die Runde schwieg daher aufmerksam. Offenbar war das nicht das erste Mal, dass sie sich an einem Selbsthilfe-Seminar beteiligten. »Also, zunächst geben wir ja tatsächlich in einem Enkel unsere Gene zumindest zu einem Viertel weiter«, sagte ich und lächelte gewinnend und dezent experten-mäßig. Ich griff nach einem Glas mit dem für meine Teilnehmerinnen und mich bereitstehenden, stillen Wasser. »Das erleben wir so, als wenn etwas von uns weiterexistieren würde. Diesen Wunsch kennen die meisten. Jede unter uns. Nämlich, nicht sterben zu müssen, sondern irgendwie weiterzuleben.«

Karrierefrau Erika nickte bestätigend. »Außerdem haben wir ja auch manchmal den Wunsch, etwas wieder gutzumachen, das wir vielleicht bei unseren Kindern versäumt haben«, sagte sie leise. »So eine bin ich. Mir fällt das eigentlich erst auf, seit mein Nachwuchs erwachsen ist. Als sie klein waren, war ich zu sehr mit mir selbst beschäftigt.« Tränen glitzerten in ihren Augen, aber sie beherrschte sich. Ich reichte ihr dennoch ein Kleenex, denn wir saßen im Halbkreis nebeneinander.

Jetzt meldete sich Valerie zu Wort: «Vielleicht versucht man auch klammheimlich, die Enkel zu etwas zu benutzen, oder?«

Ich schüttelte energisch den Kopf. «Von benutzen kann man eigentlich nicht sprechen«, entgegnete ich. »Es ist eher so ein Geben und Nehmen.« Dabei nahm ich einen weiteren Schluck vom stillen Wasser. Das wirkt immer irgendwie privat und locker.

Erika gab mir unerwartet energisch Recht: »Als Oma gebe ich den Enkeln liebevolle Zuwendung und von ihnen bekomme ich dafür Liebe und Nähe und Teilnahme an ihrem Leben. Benutzen kann man da eigentlich wirklich nicht sagen.«

Valerie legte ihre erstaunlich faltenfreie Stirn andeutungsweise in Falten: »Ist es denn dann überhaupt legitim, sich Enkel zu wünschen? Heutzutage ist ja so vieles verpönt, wenn ich da nur ans Gendern denke und dass man nicht mehr Zigeunerschnitzel sagen darf.«

Nun war es an mir, zu widersprechen: »An einem Enkelwunsch ist absolut nichts falsch, außer dass man ihn vielleicht um jeden Preis durchsetzen will.« Das klang doch sehr ausgewogen und informiert. Ich war mit meiner Rolle sehr zufrieden und die Frauen schienen sich bei mir wohlzufühlen. Bingo! Ich fuhr mit neuem Selbstvertrauen fort: »Ich glaube, am besten ist es, wenn wir uns hier alle fragen, was unsere wahren innersten Motive sind. Warum wir uns Enkel wünschen. Vielleicht können ja gerade die beruflich Engagierten unter uns gar nicht so viel mit kleinen Kindern anfangen, wie wir denken? Vor allem müssen wir uns im Klaren darüber sein, dass die Enkel nicht unsere, sondern die Kinder unserer Kinder sein werden. Wir wären also nur indirekt mitsprachberechtigt. Berechtigt eigentlich überhaupt nicht. Wir müssen uns fragen, was uns denn fehlt, warum wir sie uns so sehr wünschen. Was haben meine Wünsche vielleicht mit meinen eigenen Defiziten und Problemen zu tun? Zum Beispiel was geheime Schuldgefühle betrifft, wieder etwas gutzumachen an den Enkeln, oder?«

»Die wichtigste Frage ist doch, ob man mit den Kindern überhaupt über unseren Enkelwunsch sprechen darf«, fiel mir die bislang eher zurückhaltende Erzieherin ins Wort.

»Am besten überhaupt nicht«, konterte ich augenblicklich. Nur den Führungsanspruch wahren, das Heft des Gespräches nicht aus der Hand nehmen lassen, hatte ich bereits im Studium gelernt. »Sie könnten allenfalls erzählen, wie glücklich Ihre Freundinnen mit ihren Enkeln sind. Aber auch das ist meistens schon zu viel und setzt unsere Kinder nur unnötig unter Druck. Und schwupp, schon ist unser Verhältnis zu ihnen belastet. Da sollte man sehr vorsichtig sein!«

Damit stand der Sinn unserer heutigen Übung eindeutig fest. Ich merkte, dass Valerie etwas in ihr iPhone tippte. »Handys bitte für die Dauer unseres Gespräches ausschalten«, sagte ich streng. Valerie reagierte augenblicklich.

»Stimmt«, bestätigte sie. »Es ist ja das eigene Leben unserer Kinder! Ich sehe jetzt, dass ich mit meiner ewigen Fragerei das Gegenteil erreicht habe. Meine Schwiegertochter geht mir jetzt richtig aus dem Weg.«

»Ja, stimmt, Erfolgsdruck ist genau der falsche Weg!«, resümierte ich und alle Teilnehmerinnen nickten. Valerie schaltete ihr iPhone umgehend wieder an und unsere Vorstellungsrunde war hiermit im Großen und Ganzen umrissen.

Wir diskutierten noch weit über unsere 90 Minuten hinaus mögliche Fälle, bei denen dem jungen Paar die Berufe wichtiger sind und die auch schon unter genügend hohem Erfolgsdruck stehen, was die Karriere angeht. Und dass man keinesfalls innerliche Vorwürfe aufbauen sollte, selbst wenn man sie nicht äußert. Auch müsse man sich ehrlich fragen, wie es damals als Mutter für einen selbstwar: Hätte man vielleicht lieber Karriere gemacht als sich ganz auf die Kinder zu konzentrieren und erwartete Karriere nun von seiner Tochter? Gönnte man es vielleicht seinem Kind nicht, dass es alles anders macht als man selbst damals?

Ich betonte mehrmals, dass die ganze Sache vor allem mit Respekt zu tun habe: Respekt vor dem Leben und den Entscheidungen unsere Kinder als Erwachsene! Schließlich kamen wir zum wesentlichen Teil: Welche Alternativen könnte es denn für uns verhinderte Omas geben, wenn sich der Enkelwunsch nun mal nicht erfüllt? Was kann man denn tun, wenn es weiter bei einem unerfüllten Enkelwunsch bleibt? Wie geht man damit um, damit einem die Abwesenheit von Enkeln nicht seine alten Tage versaut?

Da gibt es zahlreiche Möglichkeiten: Die erste wäre, sich als Leih-Oma mit anderen Kindern zu beschäftigen. Sie sind sehr gesucht und haben oft sehr herzlichen Familienanschluss. Und wie geht man am besten mit seiner Traurigkeit um, falls es mit den Enkeln einfach nicht mehr klappt?

Mein Fazit führte sogar zu Applaus meiner genau lauschenden Klientel. »Wie gesagt, als Leih-Oma hat man gute Möglichkeiten sich zu betätigen. Und wir müssen uns klar machen, dass unser bisheriges Wirken immer irgendwie weiterwirkt, dann eben nur in unseren eigenen Kindern. Wir haben damals letztlich getan, was innerhalb unserer Grenzen möglich war. Das können wir auch, was Schuldgefühle angeht, ruhig mit den erwachsenen Kindern besprechen. Allein das ist schon sehr entlastend für unsere Beziehung zu ihnen. Und das ist ja auch schon eine ganze Menge!«

Als meine Teilnehmerinnen mich zufrieden und ausgefüllt verließen, schaute ich schnell noch mal bei Facebook rein und staunte über eine Kontaktanfrage eines traumhaft aussehenden, natürlich verwitweten, Tanker-Kapitäns, der gerade – offenbar umzingelt von somalischen Piraten – mit hochkarätiger Ladung im Chinesischen Meer herumschipperte. Nicht zu fassen!

Im ersten Moment durchfuhr mich das aufregende Gefühl von Freiheit und Abenteuer, besonders weil der *captain* dem Marlboro Män, der inzwischen längst an Lungenkrebs gestorben war, zum Verwechseln ähnlich sah. Ein angenehmer Kontrast zum braven Coaching-Seminar über die Enkelwünsche älterer Fregatten in meinem Homeoffice in Berlin-Mitte. Ich konnte ja mal antworten, auch wenn das Luciano gegenüber irgendwie unfair war.

Leider entpuppte sich der fesche *captain* als einer jener 18-jährigen Jungs in Tansania oder sonstwo in Afrika, die via Computer ältliche Damen in Europa anschrieben, um sie so bald wie möglich um sehr viel Geld zu bringen. Ich merkte das, als der angeblich skandinavische Tankerkapitän ein paar Tage später zum Wesentlichen kam: Nämlich, dass er gerade bedauerlicherweise nicht flüssig genug sei, um das sündteure Internat seines geliebten, die Mama vermissenden, Sohnes in England zu bezahlen und ich doch bitte umgehend ein erstaunliches Sümmchen US-Dollar auf eine Bank in Massachusetts überweisen solle, damit das Semester für den Filius in den USA gerettet sei. Was denn nun? England oder die USA? Ich schrieb dem jungen *captain* nach Afrika nur zwei Worte: *Nice try!* Was so viel heißt wie »Netter Versuch!« Und blockierte jeglichen Kontakt.

KAPITEL 10
DIE ALTE AKTENTASCHE

Nach anstrengenden Coaching-Sitzungen mit mir unbekannten Frauen, auf die ich mich einfühlsam einzustellen hatte, war ich meistens ziemlich fertig und brauchte erst mal eine Auszeit. Und natürlich malte ich mir dabei – hingegossen auf meine mohnrote Couch, eine Riesentasse Milchkaffee auf dem Beistelltischchen und getoppt von Katerchen Pommes, der mit lauten Schnurren fröhlich meinen Blutdruck senkte – erstmal das nächste Treffen mit meinem Piraten aus, den ich meinen Schulfreundinnen bisher lediglich dezent angedeutet hatte. Ob ich Angst vor deren »vernünftigen« Kommentaren verspürte, obwohl ich keinerlei Lust auf deren langweilige Beziehungen hatte? Würden sie mich ins Wanken bringen in meinem Entschluss, mich – auch im gesetzteren Alter – gefühlsmäßig keineswegs beirren zu lassen? Wenn ich ehrlich bin, war das der Grund, weshalb ich mich in Andeutungen erging und mir auch den verhinderten Omas in meinem Seminar gegenüber, die ganz beglückt über meine Hilfestellung aufgebrochen waren, nicht mal die kleinste Andeutung über meinen bildschönen, jedoch nicht unbedingt seriösen Spät-Hippie aus dem Süden entkommen war. Und so träumte ich denn wieder einmal vor mich hin und dachte an die rundliche Klientin von gestern, die sich so angenehm vertraut angehört hatte.

Wohlig ausgestreckt ließ ich meine Gedanken wandern: Osteuropa war mir immer schon sympathisch gewesen. Denn dort waren meine Eltern zu Hause und so sprachen sie auch. Obwohl mir das die ersten Schuljahre über eher peinlich war. Die Art, wie sich Albertas Diskussionsbeiträge anhörten, machte sie mir auch inhaltlich sympathisch. Der Kaffee war alle, mein Kater hatte sich auf die Terrasse begeben, weil er einen Sonnenstrahl erblickt hatte und ich war zu faul und zu müde aufzustehen, um mir einen neuen Milchkaffee zu holen.

Mit einem Gefühl der Geborgenheit blieb ich liegen, zufrieden mit dem gestrigen, gut bezahlten Job, ausgeschlafen und umgeben von der schönen, dank Oma mit kultivierten Antiquitäten bestückten, Altbauwohnung, die schon lange mein Zuhause war. Ich lag eingerollt wie im Mutterleib und meine Gedanken flogen in meine Jugend. Schon komisch, dass man ab einem gewissen Alter plötzlich wieder vermehrt an die frühen raunenden Kindheitstage zurückdenkt, während das laute Getümmel der Gegenwart *peu à peu* seine Bedeutung zu verlieren scheint …

»Mal doch wieder mal was Schönes, vielleicht ein Pferd in Blau«, höre ich meine Mutter sagen, wie sie es gerne tut. Sie wartet selten ab, bis mich selbst die Muse küsst, denn sie ist eine Frau der Tat.

»Aber Pferde sind doch nicht blau«, antworte ich.

»In der Kunst manchmal schon«, sagt Mami knapp.

Ich bin fünf und sitze mit ihr an der großen, hölzernen Eckbank, da, wo wir immer sitzen im Speisezimmer. Ich hätte mir wohl lieber ein Lager gebaut unterm Tisch mit diesen harten, beigefarbenen Wolldecken, an deren Enden braune verschnörkelte Muster zu sehen sind. »Mäander« sind das, hat meine Mama erklärt. Sie weiß sehr viel. Diese Decken riechen so heimelig nach Wolle, wenn man unter dem Tisch hockt, auf den harten Streben, die die Tischbeine stützten und wo ich ungestört träumen kann. Irgendwie sicher vor Mama.

Ich weiß ja, dass meine Mutter das nicht mag. Sie will, dass ihr Kind immer irgendetwas tut. Und nicht herumträumt. Aber diesmal traue ich mich nicht, die Decken einfach über den Tisch zu breiten, denn Mami ist so anders als sonst. So traurig. Träne für Träne rinnt ihr aus den geröteten Augen, läuft langsam an ihrer Nase herab und tropft dann auf den Boden, ohne dass sie reagiert. Ich habe meine Mutter noch nie weinen sehen. Ich starre auf diese Tränen, die den Nasenrücken entlang nach unten laufen. Mami rührt sich nicht, putzt sich nicht die Nase, sondern weint und weint, einfach und still. Ununterbrochen. Es macht mir Angst. Wann kommt Tata heim?

Es riecht schon würzig nach Paprika und Tomaten, denn meine Oma, Mamis Mutter, steht in der Küche und kocht zu Mittag, wie immer. Als wenn nichts wäre. Die Oma wenigstens ist wie immer. Obwohl der Opa doch ihr Mann gewesen ist. Ich höre ihre Schritte mit den energisch aufgesetzten Hacken auf dem Küchenboden nebenan. Die Hausbesitzerin, die unter uns wohnt, beschwert sich immer, dass Oma »so trampelt«. Es ist ihr alles zu laut, der Vermieterin. Es war ihr auch zu oft Besuch bei uns. Es wurde dann zu laut gelacht und vor allem ging man noch nach zehn Uhr abends aufs Klo und benutzte die Spülung, die war auch laut. Und man sprach in so komischen Sprachen wie Ungarisch und Rumänisch.

Meine Mutter hat mir erzählt, dass ihr Vater gestern an Krebs gestorben ist im Krankenhaus von Onkel Richard. Herr Major nannten ihn die anderen alten Männer, die er manchmal mit mir auf der Straße traf, wenn er zu Besuch war. Oma, die mit uns lebt, war die ganze Zeit bei ihm gewesen und hatte ihm die Augen zu gemacht, sagte sie, als sie gestern Abend heimkam. Sie weinte nicht, war aber sehr ernst. »Köszönöm« hätte er zum Schluss noch aufgeschrieben«, sagte sie, »er konnte ja nicht mehr richtig sprechen, « Dann ging sie in ihr Zimmer, das genauso roch wie die Wolldecken zum Lager-Bauen. Ich sagte lieber »Lägerle«, wie meine Kindergartenfreunde, aber das wollte meine Mama nicht. Bei Oma stand ihr Webstuhl und außerdem roch es nach dem Nachttopf unterm Bett und den runden, türkis und rosa marmorierten Pfefferminzbonbons auf ihrem »Nachtkastl«, wie sie es nannte. Mein Vater hatte es Mami verboten, mit mir zum Opa ins Krankenhaus zu gehen, weil er mit radioaktiven Isotopen behandelt wurde und außerdem wegen eines Luftröhrenschnitts sehr stark litt. »Viel zu schockierend für die Kleine und auch zu gefährlich«, sagte mein Tata. Das heißt auf Ungarisch »Papa«.

Gegen Abend hatte Tata dann Opas Kleinod, seine dunkelbraune, abgewetzte Aktentasche, die er immer bei sich trug, mitgebracht. Opa hatte sie sogar dabeigehabt, wenn er mit mir spazieren ging. Mama hatte die braune Aktentasche angestarrt und seither nicht mehr aufgehört zu weinen.

»Mama, was heißt köszönöm?«, frage ich sie.

»Das heißt danke. Das ist Ungarisch«, flüstert meine Mutter und eine weitere Träne macht sich auf den Weg über die Nase auf den Boden.

»Wieso schreibt der Opa Ungarisch?«

»Wir sind nicht von hier«, sagt Mama leise. »Wir haben unten Deutsch, Rumänisch und Ungarisch geredet.« Ich weiß, dass »unten« Rumänien ist. Das ferne Land, aus dem die komisch riechenden, bräunlichen Briefumschläge mit den bunten

Marken kommen, die die andere Oma, Tatas Mama, von dort immer schickt.

Meine Mami sieht ganz anders aus als die anderen Mütter. Sie hat lange dunkle Haare, die wellig über ihre Schultern fallen und silbern lackierte Fingernägel und trägt Schuhe mit hohen Absätzen. »Pömms« nennt sie die. Das klingt lustig. Keine Mutter sieht aus wie meine und ich schäme mich manchmal noch. Mama will auch keine Kehrwoche machen im Treppenhaus und den Gartenzaun auch nicht putzen, wie die Vermieterin, die in der Wohnung darunter wohnt, es von ihr verlangt.

Mami findet das »unzumutbar« und streitet sich laut mit Frau Pfeiffer, die dann ihren Mann holt oder ihren Sohn, der schon erwachsen ist. Tata muss dann abends nach der Arbeit hinuntergehen und alles »einrenken«, wie er sagt. Auch, wenn Mama wieder einmal nach zehn Uhr die Klospülung bedient und nicht mit einem Eimer voll Wasser nachgespült hat. Mein Tata hat so eine Art, mit der er alle Leute einwickelt, egal woher er kam. Er war früher mal Diplomat, sagte Mama.

Mein Opa war zu selten bei mir gewesen, als dass ich ihn vermisste. Er war für mich der dürre, kleine Mann meiner Oma, Mamas Vater, der manchmal in langen weißen Unterhosen auf der Couch in Omas Zimmer lag. Wenn ich ihm dann auf dem Bauch herumhopste, rief er immer: »Die Federn! Die Federn!« Und ich wunderte mich, dass Opa Federn im Bauch zu haben schien. Wenn ich abends im Bett lag und beobachtete, wie die Scheinwerfer der Autos auf der Straße erst langsam, dann blitzschnell über die Zimmerdecke wanderten, hörte ich, wie er noch gedämpft mit Oma sprach. Es war gemütlich, obwohl ich nichts verstand, denn sie sprachen Ungarisch oder Rumänisch. Niemand brachte es mir bei. »Überflüssig! Wir sind jetzt in Deutschland. Lern' lieber Englisch«, sagte die pragmatische Oma. Das gefiel Mami.

Opa bedeutete für mich bunte Geschichten von seinen Jagdhunden und von der Bärenjagd in den Karpaten. Das klang so aufregend und war besser, als die Geschichten von Winnetou und Old Shatterhand, die mir der Papa mit seiner tiefen Stimme abends am Bett erzählte, wenn er aus dem Büro heimkam. Opa dagegen erzählte nur Geschichten, die er selbst erlebt hatte. Er berichtete sogar von einem »Upupa epops«, und ich musste sehr darüber lachen. Das wäre Griechisch und solle »Schnepfe« heißen. Das sei ein Vogel, sagte Opa. Er hätte auch ihn gejagt. Einen »Upupa epops« hatte mein Vater nicht zu bieten und schon gar nicht echte Jagdhunde. Ich weiß bis heute nicht, wie man das griechisch schreibt. Aber natürlich hütete ich mich, Tata das zu sagen, denn ich wusste, dass Opa nur kurz dableiben würde und dann mein Vater wieder den Posten an meinem Bett übernehmen würde. Ich wusste aber auch, dass er manchmal ein bisschen eifersüchtig war auf diesen Opa, der sein Schwiegervater war. Aber das sagte er natürlich nie.

Der Opa erzählte mir auch von einem Roland, der etwas älter war als ich und der eine Mutter hatte, die sehr jung und hübsch war und keine Oma. Und bei denen Opa oft zu Besuch war und er dem Roland dann etwas mitbringen würde und der würde sich sehr freuen, weil sein Vater im Krieg gefallen war. Ich war fünf und hörte zu und wunderte mich erneut im Stillen, dass erwachsene Männer im Krieg offenbar dauernd hinfielen. Wieso sie dann aber nie mehr nach Hause kamen, sagte mir niemand. Und ich fragte auch nicht, denn ich hatte das Gefühl, dass niemand gern davon sprach.

Dafür lachten die Erwachsenen gern. »Wir hatten lang nichts zu lachen«, sagte Tata oft. Sie lachten auch, wenn meine Eltern Besuch hatten und es lauter Sachen zu essen gab, die niemand kannte: Vinete, Ardee, Kukuruz und Karfiolsalat, also lauter speziell zubereitete Gemüsearten und danach viel Tuica, das war ein rumänischer Schnaps. Mein Vater wollte immer, auch wenn ich schon längst im Bett lag, dass ich den Gästen etwas vorsang und auch noch jodelte. »In München steht ein Hofbräuhaus.« Bei »Oans, zwoa, gsuffa«, lachten dann die Gäste noch lauter und ich schämte mich in meinem Pyjama ganz furchtbar.

Wenn mein peinlicher Auftritt vorbei war, kuschelte ich mich erleichtert ins Bett und hörte dann durch die Klappe des Kachelofens, die immer ein wenig offenstand und einen schmalen Lichtstreif einließ, Tatas tiefe Stimme etwas erzählen und daraufhin die Gästeschar lachen. Dann wieder die Stimme meines Vaters und erneutes Gelächter. Meine Mutter lachte immer nur sehr kurz. Sie kannte wohl seine Witze schon. Und dann gingen die Leute heim und meine Eltern stritten sich, weil mein Vater natürlich zu viel getrunken hatte. Sie stritten dann auf Rumänisch, weil sie wollten, dass ich nichts verstand. Ich verstand aber ihren Tonfall und bekam Angst. Besonders, wenn meine Mutter plötzlich ganz still wurde und schließlich auf Deutsch zischte: »Dann lasse ich mich eben scheiden!« Ich wusste nicht, was Scheidung war, aber ich spürte, dass dieser Satz meine ganze Welt bedrohte.

Seitdem der Opa tot war, hatten die Eltern keine Gäste mehr und gelacht wurde auch kaum mehr. Nicht mal gestritten. Auch als ihre Tränen versiegt waren, blieb meine Mutter lange Zeit sehr still. Seitdem lag neben ihrem Essplatz an der hölzernen

Eckbank immer die dunkelbraune Aktentasche ihres Vaters, in der immer noch sein Flüchtlingsausweis war und sogar sein alter rumänischer Pass. Ich war ganz aufgeregt, als ich darin eine zusammengefaltete Urkunde fand. Meine Mutter las sie mir vor: Es war eine Tapferkeitsauszeichnung für meinen Opa, den Major. Im Ersten Weltkrieg an der Seite des Österreichischen Kaisers …

Ich erwachte aus einer Art erholsamen Dämmerschlafs. Das Bild der Auszeichnung vor Augen, ausgestellt mit verschnörkelten Buchstaben von »Seiner apostolischen Majestät, dem Kaiser von Österreich«, nur für meinen Opa, wegen »besonderer Tapferkeit vor dem Feind«. Ich habe die großformatige Urkunde meinem Opa zu Ehren gerahmt an der Wand. Was für ein Zeitdokument und was für ein Großvater. Der andere war ja ein berühmter Maler gewesen. Die Urkunde musste ich Luciano unbedingt demnächst zeigen! Der würde Augen machen. Oder auch nicht – er war menschlichen Errungenschaften gegenüber eigentlich absolut immun.

KAPITEL 11
ECHTER SEEFAHRER IM ANMARSCH

Als hätte er bis ans Mittelmeer gespürt, dass sich da ein angeblicher Seefahrer versuchte, an seinen *tresoro* aus *Germania* heranzumachen – wenn auch aus weniger emotionalen Gründen –, bombardierte mich mein echter Pirat die nächsten Tage förmlich mit display-füllenden Massen von Whatsapp-Nachrichten, die alle vor Sehnsucht nur so trieften: Zucchero wurde nicht müde, über Links auf Youtube von *senza una donna* zu röhren, bis mein Handy-Akku und meine teutonisch-vernünftigen Bedenken in die Knie gingen.

Eine solche Offensive Lucianos hätte ich ja eigentlich voraussehen können. Er hatte offenbar in der Sommersaison, die gerade zur Neige ging, gute Geschäfte mit seinen Bootstouren für Touristen gemacht und sogar etliche Einnahmen behalten. Da er sie nicht gleich auf der Stelle wieder ausgab, konnte er den Transport und Mitbringsel für mich durchaus erübrigen. Wenn's ganz gut lief, würde er diesmal sogar per Flieger und Taxi bei mir anlanden. So gut kannte ich ihn immerhin schon.

»Haben gute viele Touristen hier unde Business laufe gut«, textete er denn auch mehrmals. Und brachte schließlich sogar die Sicherheit auf, bei mir mit Tür und Tochter ins Haus fallen zu können. »Im Herpscht zu dir komme dann unde bringen Jolanda mit! Sie hat dann noch Vacanza. OK so?«

»OK so!«, whatsappte ich spontan zurück und fühlte gleich danach eine Mischung aus Sehnsucht, heißer Freude und Angst, denn ich sollte ja nun seine vergötterte kleine Tochter und zugleich meinen Lover in der Vaterrolle kennenlernen. Vorausgesetzt, Jolandas Mutter verhinderte nicht in letzter Minute deren Reise in das ferne, fremde und kalte Germanien dieser komischen Alten aus Berlin, die Luciano mal so nebenbei erwähnt hatte. Im Moment wäre mir das beinahe am liebsten gewesen. Aber ich musste an Josepha denken und hörte förmlich deren klare Stimme: »Auf was wollen sie denn noch warten? Atmen sie und wagen sie etwas. Es wird schon gut gehen! Wir leben nicht ewig!« Es musste wunderbar sein, dermaßen auf Gott und den Bräutigam Jesus vertrauen zu können, der ganz gewiss alles zum Guten wenden würde.

Und so kam es, dass ich zwei Wochen später – es blies bereits ein kalter, herbstlicher Wind um die Ankunftshalle – am »Terminal 1 Arrival Ausland« stand und auf Vater und Tochter wartete. So aufgeregt war ich schon ewig nicht mehr gewesen, denn die Kleine würde mich ganz bestimmt sehr genau beäugen, weil sie vermutlich befürchtete, eine Art Stiefmutter vorgesetzt zu bekommen, die nicht mal ihre Sprache konnte. »*Una amica*« hatte ihr Luciano vermutlich verkündet, aber 8-Jährige waren ja heutzutage nicht doof. Ich hatte mir vorgenommen, die Kleine betont kameradschaftlich, ganz und gar nicht mütterlich, und wie einen kleinen Kumpel zu behandeln, um ihre Bedenken schnellstens zu zerstreuen. Denn wer weiß, was ihre Mutter ihr alles über mich erzählt hatte. Dass ich beinahe eine Generation älter war als sie, wusste diese hoffentlich nicht.

So lange hatte ich übrigens seit Jahren nicht mehr zum Anziehen gebraucht, um mich schließlich für eine kreuzbrave Jeans- und Shirt-Variante zu entscheiden und das in ziemlich neutralem Beige-Ton – oder kamelhaarfarben, wie man das früher genannt hätte. Ein nicht eben aufregendes Outfit für eine hoffentlich freundlich wirkende, ältere Dame, die Jolanda womöglich erwartete. Haare frisch gewaschen, im Gesicht dezent geschminkt, denn schließlich wollte ich Jolandas Papa ja auch gefallen.

Um mich herum in der Ankunftshalle tummelte sich vor den riesigen automatischen Türen, die noch abweisend geschlossen waren, eine bunte Schar aufgekratzter Abholer: Ein gut aussehender junger Vater mit einem kleinen, zappeligen Sohn an der Hand hatte diesem einen feuerroten Luftballon mit den Riesenlettern *Welcome!* ans Handgelenk gebunden. Warum muss das bloß alles in Englisch sein, dachte ich. Einige Jungmänner, die wie eifrige Hotelangestellte wirkten, hielten iPads oder Plakate mit den Namen derer vor der Brust, die sie wohl zum Hotel zu schaffen hatten.

An einer der Glaswände vor der Galerie schicker Geschäfte lehnte eine Frau etwa in meinem Alter mit unglaublichen *high heels* an den Füßen – kein Wunder, dass ihr bereits vor Ankunft ihrer Lieben die Füße weh taten und sie Halt suchte. Viel zu nah hinter mir schnaufte ein dicker Mann sehr aufgeregt in sein Handy: »Nö, sie sind noch nicht rausgekommen. Es heißt auf der Anzeigentafel erst *bagage*. Ja, ich gebe Bescheid!« Der Mann roch nach Schweiß.

Die automatische Tür öffnete sich und ein Strom geschäftiger und zugleich gelangweilter Menschen quoll hervor. Einige sahen sich suchend um. Die meisten hatten vermutlich nur Handgepäck dabei, nach dem relativ kurzen Flug. Aber kein

Luciano und keine Jolanda weit und breit. Wo sie nur blieben? Mein Herz klopfte.

Plötzlich war er da: Mit gehetzter Mine eilte Luciano geradewegs an mir vorbei, angestrengt in Richtung Ausgang spähend und zerrte an der Hand seine Tochter hinter sich her. Er nahm mich überhaupt nicht wahr, obwohl ich seinen Namen rief. Die Kleine neben ihm war sein Ebenbild als Miniaturausgabe: pechschwarze Locken und ebensolche Augen. Leicht schräg und dann diese unglaublichen Wimpern. Zierlich und zart, das musste sie von ihrer Mama haben. Mehr konnte ich in der Angst, die beiden aus den Augen zu verlieren, nicht bemerken.

»Luciano!!! Hallo! Hier bin ich ...«, rief ich nun, so laut ich konnte. Leute drehten sich um und schauten empört. Rollkoffer rempelten gegen meine Knie. Alle waren jetzt in Eile. Endlich drehte sich Luciano um und schaute unsicher herum. Und endlich, endlich hatte er mich erspäht: Er riss mich vehement in seine Arme – Großstadt und Flughafen und eine fremde Menschenmenge waren ganz offenbar wirklich nicht sein Ding. Wo war mein frecher Pirat geblieben? Alles hier verwirrte ihn und machte ihn unsicher. Die Kleine hing sehr still an seinem Hosenbein und ich machte mich schnell von Luciano los.

»Hallo, *benvenute, cara* Jolanda«, zwitscherte ich, ging in die Hocke vor dem kleinen Wesen und Lucianos Augen schauten mich ernst an. Sie trug einen kleinen rosa Rucksack umgeschnallt und hielt den Träger mit einer kleinen braunen Hand umklammert. Sie schien zu frieren, denn sie war ganz wie ihr Vater viel zu sommerlich gekleidet. Dass es in Nizza zurzeit noch richtig heiß war, kam mir gar nicht in den Sinn. Und Luciano war natürlich mit seinen geliebten Shorts und seinen Nizza-T-Shirts angereist, ohne auch nur einen Gedanken an wärmende

Strickjacken zu verschwenden. Ob die beiden überhaupt so etwas besaßen? Immerhin trugen sie an den Füßen Turnschuhe statt der üblichen Flipflops, die ich befürchtet hatte.

Zum Glück hatte ich einen meiner faden, aber eleganten, cremefarbenen Kaschmirpullis um die Schultern gebunden, die einfach zu allem passten. Und schließlich war es draußen am Parkplatz wirklich schon recht zugig. Ich legte ihn der Kleinen, die förmlich zitterte, mit einer behutsamen, mütterlichen Bewegung um die Schultern. Sie schaute mich skeptisch an. Was wohl von dir hier in dieser kalten Gegend zu erwarten ist, schienen mich ihre Augen zu fragen. Lucianos Augen.

Obwohl mir das Herz klopfte, hakte ich Luciano mit einer resoluten Bewegung unter, nahm Jolanda an der Hand, und übernahm, – wie immer, wenn ich total unsicher bin – instinktiv das Kommando. Wir schritten also zu dritt, tapfer Platz beanspruchend, durch all die vielen Menschen in Richtung Parkplatz. »Kommt zum Auto, zur *machina caldo*!«, rief ich fröhlich in einer Sprache, die ich für Italienisch hielt. Aber mir war gar nicht fröhlich zumute. Das könnte alles viel schwieriger werden, als ich es mir ausgemalt hatte.

Zum Glück fiel es mir endlich auf: »Habt ihr keine Koffer?«, fragte ich. Entweder, sie hatten vergessen, sie vom Förderband abzuholen oder sie hatten tatsächlich nur den Kinderrucksack und den Silberkoffer, den Luciano mit einer Hand umklammert hielt, dabei. Niemand antwortete, als sie in meinen Wagen stiegen. Auf einen längeren Aufenthalt im kalten Norden bei der komischen Freundin von Papa ließ das leichte Gepäck nun wirklich nicht schließen. Vermutlich hatte Jolandas Mama die Sache als eine Art Wochenend-Trip verkauft. »*Grazie*«, sagte da Jolanda, als ich sie hinten anschnallte. Und ihr Lächeln haute mich um.

KAPITEL 12
HAMIDE IST ENTSETZT

Hamide war konsterniert: Meine liebe und tüchtige Haushaltshilfe aus Anatolien war in meiner Wohnung Ruhe und Ordnung gewöhnt. Jedes Ding hatte seinen Platz, so wie ich das immer schon geschätzt hatte und Hamide irgendwie auch. Sie hatte nicht mit einer Invasion aus Italien gerechnet. Sie wusste zwar, dass sie mit mir nicht unbedingt eine stinknormale Arbeitgeberin gefunden hatte, zu der man auch mal den streng erzogenen Nachwuchs mitbringen konnte. Aber, dass die Dinge hier in Berlin-Mitte dermaßen aus dem gewohnten Ruder liefen, das konnte und wollte sie nicht akzeptieren. Sie beobachtete Lucianos Einfluss auf mich und mein Umfeld von Anfang an und kam nach genau zwei Tagen zu dem Schluss, dass es kein guter war. Sie geriet damit – ohne es zu wissen – in Konflikt mit der entspannten und legeren Auffassung, die mich vom Kloster aus unablässig bestrahlte.

Hamide, von erstaunlicher muslimischer Sittenstrenge, sah es mit Schrecken: Die Joggingrunden der Chefin fielen von nun an völlig ins Wasser, die Küche wurde binnen zweier Tage zum permanenten Schlachtfeld und statt der Berge von Gemüse, Obst und Magerjoghurt stapelten sich im Kühlschrank nun jede Menge Fisch und Fleisch – und das ganz bestimmt nicht *halal*! Vom sündigen Alkohol in Form teurer Rotweine aus Apulien ganz zu schweigen. Und die Chefin, die sie meistens am Schreibtisch im Homeoffice kannte oder organisierend am Telefon, schmuste zu allem Überfluss auch noch ungeniert vor der hoch-moralischen Muslimin mit Luciano. Hamide hatte sich entsetzt geweigert, vor ihm das Kopftuch zu lüften, damit er ihre knie-langen, schwarzen Haare sehen konnte, wozu er sie lachend aufforderte. Gewiss nicht in der Absicht, die sie vermutete, nämlich von dem Anblick unstatthaft angeregt zu werden. Wenn das bloß nicht ihr Mann erfahren würde.

Hamide war zu zurückhaltend und schüchtern, um ihre Missbilligung offen zu zeigen. Und dass sie noch weniger sprach als früher, konnte man auf sprachliche Defizite in der Landessprache zurückführen, was Luciano ganz selbstverständlich tat. Hamide übte sich eher im passiven Widerstand und unterließ es beispielsweise, eine neue Klopapierrolle in den Spender zu hängen, ohne dass hinter dem Klo weiterer Vorrat zu finden gewesen wäre. Sie räumte das Küchenchaos auf, indem sie die wichtigsten Gegenstände – wie Schöpflöffel oder Nudelsieb – ganz hinten in den Schränken verschwinden ließ, was eine stundenlange Suche erfordert hätte, von der sie zu Recht hoffte, dass dies einem italienischen Vater mit italienischer Tochter deutlich zu mühsam erscheinen würde.

Sie konnte es einfach nicht fassen, dass sich mitten in dieser völlig außer Rand und Band befindlichen, bisher sehr organisierten und aufgeräumten Wohnung, in der vor allem viel gearbeitet wurde, nun auch noch ein 8-jähriger Wildfang breitmachte. An deren Erziehung waren beide Elternteile, die, wie Hamide für typisch europäisch befand, getrennt lebten, mit jeglichem Disziplinierungsversuch – sollte er je stattgefunden haben – ganz augenscheinlich vollständig gescheitert. Jolanda hüpfte mit von Tennissand panierten Sneakern auf dem bedauernswerten, mohnroten Designersofa herum und jagte den armen Kater durch die Räume, um ihn endlich mal auf den Arm nehmen zu können. Ich ließ mehrmals warnende Worte ertönen, die klangen wie »*Attentione! Gatto agressivo!*«, und es war nicht verwunderlich, dass Jolanda auch diese in zweifelhaftem Italienisch gebrüllten Worte vollständig in den Wind schlug. Als sie meinen fauchenden Kater schließlich erwischte, biss er sie ohne zu zögern in den Zeigefinger und ich raste mit der heulenden Jolanda zum im Internet eilig gesuchten Kinderarzt, der das brüllende Kind schnellstens gegen Tetanus impfte.

Hamide würde auch nie vergessen, wie sich dieser schlappe, hippiehafte Vater aufführte: Er tat, als ob seine Tochter im Sterben läge. All dies spielte sich in einer Wohnung ab, die man mit Fug und Recht als Sauna bezeichnen könnte. Denn alle meine Heizkörper liefen auf Hochtouren, damit Vater und Tochter weiterhin den ganzen Tag im gewohnten Strandoutfit herumlaufen konnten. Sie hatten auch gar nichts anderes mit. Hamide erschrak vor ihrem Anblick am Frühstückstisch, wenn sie gegen 11 Uhr zum Aufräumen kam. Dort bröselten beide – angetan mit Badetüchern um die Hüften – am Esstisch herum, als wäre damit etwas zu gewinnen. Ich schwieg, wie meistens, und überschlug im Geiste die nächste Heizungsrechnung.

Unerklärlich für Hamide: Das Leben in dieser bislang kultivierten, sehr deutschen Wohnung schien sich innerhalb von ein, zwei Tagen nur noch ums Essen zu drehen. Das immerhin brachte Vater und Tochter für gut eineinhalb Stunden zu gefräßiger Ruhe. Sofern die Mahlzeit diesem verwöhnten Bams zusagte, denn sie aß einzig und allein italienische Küche, die ihr

Vater aufwendig in der Designerküche von der Chefin herstellte und dabei ein vollständiges Chaos hinterließ.

»*Solo italiano*«, rief das Kind, das aussah wie eine Mini-Kopie ihres Vaters, verlangte aber im selben Ton auch nach Hamburgern von McDonald's, der sich in der Nähe befand und den sie auf der Herfahrt instinktsicher erspäht hatte. Sie bestellte dort regelmäßig den allerdicksten Burger, den sie zur Hälfte liegen ließ, und danach noch einen Eisbecher, der dem Dessert beim Geburtstag der Queen zur Ehre gereicht hätte. Vater Luciano sah zu und lächelte selig, denn die Rechnung ging ganz selbstverständlich wieder an mich.

Hamide fragte sich in Stillen, ob das normal in Italien war, denn Jolanda durfte einfach alles, und die Chefin ließ die Dinge einfach laufen. Mit dem Unterschied, dass Hamide nun für tägliches – statt einmal wöchentliches – Erscheinen bezahlt wurde, was natürlich auch seine Vorteile hatte. Schon deshalb konnte sie überhaupt nicht verstehen, weshalb die Chefin trotz allem immer dermaßen guter Laune war. Kürzlich hatte sie sogar gehört, wie sie morgens im Bad ein Liedchen summte, während sie sich die Zähne putze. Es gab nur eine einzige Erklärung: Sabine musste den Verstand verloren haben. Die Gäste schliefen natürlich bis in die Puppen.

Tatsächlich lag Hamide einigermaßen richtig mit ihrer Einschätzung. Nachdem das Vater-Tochter-Gespann – nach sehr kurzer Phase der Schüchternheit – das Regiment in meiner Wohnung übernommen hatte, gab es nur eine einzige Möglichkeit für mich: Akzeptanz um jeden Preis, was so viel wie bedingungslose Kapitulation in meinem bisher streng verteidigten Territorium bedeutete. Totale Übergabe an Jolanda, die nur wenig Widerspruch gewöhnt war, inklusive. Luciano lächelte über jede ihrer Launen milde und parierte. Dermaßen unterwürfig kannte ich meinen stolzen Piraten gar nicht. »*Sono papa italiano*« sagte er und das schien alles zu erklären und zu entschuldigen.

Eine Möglichkeit, dem Chaos zu entrinnen, war es, sich zu vermeintlichen Berufsterminen mit anderen Menschen außer Haus zu treffen. Zur Hilfe eilten mir, ohne es zu ahnen, Ali aus Afghanistan und seine beiden Kumpel aus Syrien und dem Iran. Bei einem Behördengang hatte ich sie gefragt, welche deutschen Gerichte sie denn kennen würden. Sie lächelten alle drei stolz, denn die einzig richtige Antwort war: Döner und Pizza. Ich war mir auch nicht sicher, ob sie wesentlich mehr über die Esskultur in ihren eigenen Ländern wussten und lud sie einfach alle drei zu einem Abendessen in ein orientalisches Restaurant ein, von denen es in Mitte wimmelte.

Alle drei Jungs hatten sich herausgeputzt, die Haare mit Gel geschniegelt, ihre Jeans irgendwie im Wohnheim gebügelt und frisch gewaschene T-Shirts übergezogen. Ich muss zugeben, dass ich selten mit drei so gutaussehenden jungen Männern unterwegs gewesen war und ich wurde als ältere Dame mit dieser Eskorte einigermaßen erstaunt beäugt. Der Chef des Lokals kam geeilt und fragte mich in perfektem Berlinerisch, was ich denn für den Abend ordern wolle.

»Cola!«, riefen alle drei Jungs fröhlich aus und ich war platt, welche Mengen sie im Laufe dieses Abends in sich hineinschütten konnten.

»Bringen Sie einfach eine Auswahl ihrer Speisen«, sagte ich zum Wirt. Und das nahm er wörtlich: Ein metallenes Tablett nach dem anderen wurde aufgefahren, gefüllt mit Orientalischem, wie Humus, Baba Ganoush, eingelegten Fleischspießen, unendlich vielen Gemüsesorten oder Lamm in jeder Zubereitungsart »Natürlich ohne Schwein und alles *halal*«, sagte der Wirt und die Jungs nickten zufrieden. Zu meiner großen Freude rief auch noch Martin an, obwohl ich mein Handy in dem Lärm des überfüllten Lokals kaum hörte.

»Wo steckst du denn, Tantchen?« fragte er. »Wieso bist du erst gar nicht rangegangen?« Dann hörte er das Stimmengewirr im Hintergrund. »Bist du in einer Kneipe?« hakte er nach. »Ich dachte, Luciano und seine Kleine sind bei dir?«

»Sind sie ja auch«, ächzte ich. »Aber dann und wann genehmige ich mir kleinere Fluchten.«

»An anstrengenden Besuch wirst du dich gewöhnen müssen, *aunty*!«, antwortete er und erhob die Stimme, damit ich ihn auch ja verstehen konnte. »Pam und ich sind nämlich schwanger!«

»Nein!«

»Doch!«

»Das ist ja toll«, schrie ich ins Handy und die drei Jungs sowie die nähere, dicht gedrängte Umgebung wurden aufmerksam.

»Ja, Tantchen, du wirst OMA.«

»Oh, mein Gott! »Darauf müssen wir bald anstoßen. Luciano und Jolanda bleiben nicht so lange, weil deren Mutter das nicht will. Aber das werden wir ganz bestimmt feiern.«

Der Wirt und zwei Ober schleppten gerade noch weitere Riesenplatten mit Essen herbei, das wunderbar duftete und mit den Händen gegessen wurde – was eigentlich sehr anmutig aussah – während die Jungs weitere Cola bestellten.

Als ich spät abends völlig gerädert heimkam in meine Klause, fand ich Papa und Tochter eingemummelt in die weinrote Decke, die meiner Mama gehört hatte, vor. Auf der mohnroten Couch waren sie, ganz nah aneinander gekuschelt, eingeschlafen. Mein Herz schmolz. Ich ließ sie dort schlafen und schlug am nächsten Morgen vor, dass wir Jolanda gemeinsam zurück nach Hause bringen und dass sich Luciano und ich danach einen Sonnenurlaub in einem Badeort nahe Nizza leisten könnten.

»Ich will einfach eure Heimat besser kennenlernen«, sagte ich. Und der Blick, den mir Luciano schenkte, ließ mich alle Unbilden vergessen.

Und so kam es, dass wir gemeinsam aus dem nordischen Herbst in den des Südens fuhren, Jolanda bei ihrer begeisterten *mamma* ablieferten und uns dann in einem zauberhaft mit riesigen Oleanderbüschen umwachsenen, geräumigen Trailer in einem kleineren Badeort nahe Nizza einquartierten. Ganz romantisch, nur wir zwei. »Wie Hochzeitsreise«, sagte Luciano und lächelte so unwiderstehlich, wie nur er das konnte. Das Wort Camping hatte mich zunächst abgeschreckt, aber ich wusste nicht, wie schön diese idyllischen Trailerparks mit fest verankerten Wagen sein konnten. Flitterwochen? Naja …

KAPITEL 13
AMORE AM CAMPINGPLATZ

Wir fuhren, nein, wir cruisten eher wie Bonny und Clyde, mit Lucianos klapprigem Geländewagen, der gut und gern 30 Jahre auf dem Buckel hatte und dessen Beifahrertür ich während der Fahrt festhalten musste, damit sie nicht auf die Straße kippte, beim »Camping« vor. Lucianos Blick streifte mich von der Seite, denn ich hatte allerlei Bedenken geäußert, was diesen eher prosaischen Urlaubsort betraf. Er hatte diesen sehr energisch und sogar inklusive Anzahlung im Voraus gebucht, ohne dass ich noch etwas unternehmen konnte. Ok, dachte ich. Jetzt also nach seinen Spielregeln. Ein Trailer – wenn das mal gut ging. Eigentlich ließ ich mich lieber in gepflegten Hotels verwöhnen. Und so genannte Trailer-Parks hatte ich in den USA gemieden. Aber wir würden ja nicht ewig hier bleiben.

Meine Skepsis legte sich binnen Sekunden: Mir entgegen schlug eine Farb- und Geruchs-Orgie aus Oleanderbüschen in allen Tonschattierungen. Sie verströmten einen betäubenden Duft nach Sonne, Süden und Sinnlichkeit und nachdem Lucianos Karre aufgehört hatte zu röhren, konnte man auch das Summen der vielen Insekten hören, die von einer Blüte zur nächsten torkelten, als wären sie vom Nektar im Überfluss besoffen. Nebenan schien jemand Gitarre zu üben. Dem fliegenden Getier gleich, fühlte ich mich einfach wohl in dieser Atmosphäre der Üppigkeit, wobei mir sofort der Schweiß aus allen Poren lief, so heiß war es hier an der Côte noch.

Unser imponierend großer Trailer, dessen Schlüssel Luciano gerade zückte, ragte wie eine schicke Jacht aus dem Meer der Blüten hervor – schneeweiß und mit einer einladenden Holz-Terrasse samt ebenfalls schneeweißem, blitzsauberen Sonnenschirm sowie mit modischen Sprossenfenstern versehen, die frisch gestrichen aussahen. Viel eher ein verwunschener, gepflegter Bungalow als jene Art »Wohnwagen«, die ich erwartet hatte. Das verstanden die Franzosen also unter *faire du camping*. Das erfreuliche Ambiente sich in der technischen Ausstattung der Innenräume fort, in die mich Luciano nun zufrieden lächelnd führte: Ein riesiger amerikanischer Kühlschrank – ein echter *fridge* – mit Eisspender in der Tür, den man von außen bedienen konnte. Ein Herd mit allem Schnickschnack, offenbar samt Gas für die Gourmetköche unter den Urlaubsgästen. Und dann erst das Schlafzimmer: Das Doppelbett füllte fast den ganzen Raum, war aber immerhin größer als der Plasma-Bildschirm *vis àvis*. W-Lan gäbe es hier selbstverständlich auch, verkündete ein Hinweis auf dem Nachttisch in mehreren Sprachen. Es war eiskalt, die Klimaanlage war auf 15 Grad eingestellt, die Fenster waren geschlossen und zu meinem Leidwesen sah und hörte man absolut nichts von draußen, außer dem sanften Surren der *air condition*. Luciano schwieg ungewöhnlich lange, er ließ die Dinge auf mich wirken und genoss seinen Triumpf.

Wir schauten uns natürlich auch nochmals draußen um: Die in großzügigem Abstand voneinander platzierten Trailer standen in diesem bezaubernde Gelände voller Hitze und Farben und Geräusche verstreut. Die dem unseren am nächsten befindlichen waren – ebenso aufgebockt – hinter der üppigen und gepflegten Bepflanzung kaum zu sehen. Feuchte Hitze schlug uns entgegen, mein Herz klopfte, das Atmen wurde ein bisschen schwerer, aber auch ruhiger. Wer würde sich in dieser Atmosphäre noch abhetzen wollen, wie in Berlin? Ich fasste instinktiv nach Lucianos Hand. Sie war so feucht wie meine. Wir spürten beide, ohne ein Wort zu sagen, den Unterschied zwischen Nord und Süd und den Grund, weshalb dieser Mann hier mit ganzem Herzen beheimatet war.

»Jetzt biste du in meine Wält«, sagte er leise und küsste meine Finger, jeden einzeln.

Wir folgten dem duftenden Trampelpfad direkt zum Strand. Eine ganz andere Welt als die Prachtpromenade von Nizza, nicht weit weg von hier. Ländlich, natürlich, grün und bunt. Und nur wenige Menschen, denn es war gegen Mittag und damit die Zeit der Siesta. An diese hätte sich Luciano auch im kalten Berlin gern gehalten, wenn Jolanda ihn dort nicht so streng im Auge gehabt hätte. Inbegriff eines südländischen Lebensstils, der die Mittagshitze zur Ruhe nutzte, selbst wenn diese gar nicht vorhanden war.

Ich staunte: Luciano übernahm still und ganz selbstverständlich in allem die Führung. Hier war alles seins – sein Land, sein Territorium, seine Hitze, sein Salzwasser, seine Lebensmittel. Er war hier zu Hause. Auch als wir kurz nach Nizza fuhren, um zur Bank zu gehen, war er derjenige, der unseren Lebens-Takt bestimmte und ich passte mich als Fremde mühelos an ihn an. Wie selbstverständlich, ja geradezu behaglich, mir das als »emanzipierte Karrierefrau« gelang, würde ich meinen Freundinnen in Berlin vermutlich eher schwer erklären können. Aber nach ein paar Tagen machte sich eine angenehme Weichheit in mir breit, indem ich mehr und mehr lockerließ und das ganz ohne meine Arnika-Globuli. War das – außer der Hitze – vielleicht auch der Grund, weshalb es meinen Hüften so gut ging, wie lange nicht?

Luciano war, wie immer, völlig instinktsicher: »Du biste sehr weiblich hier in meine Wält«, sagte er. »Ganze Frau. Gefallen mir sehr gut«, und damit war eigentlich alles gesagt. Ich passte mich hier natürlich auch deshalb an, weil ich oft das temporeiche Südfranzösisch nicht verstand, mit dem er auf dem Markt oder an der Rezeption verhandelte. Und auch, weil ich all die Speisekarten nicht wirklich entziffern konnte, egal ob mit Brille oder ohne. Auch wusste ich nicht, wie man ganz selbstverständlich mit der Hitze, dem Salzwasser, den Medusen umging und schaute erst mal, wie er das machte. Und Luciano genoss es sichtlich, der Macher, der Mann, der Beschützer zu sein. Ob das irgendwie genetisch war? Zumindest hier im Urlaub, am Meer …

»Was hältest du denn vonne *piccola siesta*?«, fragte Luciano prompt. Ob dieser Mann gedankenlesen konnte? Vermutlich las er eher Gefühle.

»Bisschen heiß«, sagte ich neckisch. Er grinste. »Egal! Hitze immer gutt!«

»Aber ich muss mich erst wieder ein bisschen frisch, ähm, bin ganz verschwitzt …«

Luciano hörte gar nicht hin, sondern marschierte mit energischem Schritt und klatschenden Flipflops direkt auf unseren Trailer zu. Die Schlüssel, die bei der Ankunft an der Rezeption für uns hinterlegt gewesen waren, hatte er bereits in der Hand.

Immer wieder war ich angenehm überrascht, wie gewandt, freundlich und doch bestimmt er mit der niedlichen Rezeptionistin umging – als befände er sich in einem Luxushotel. Es war schön, ihm einfach zuzuschauen, ohne ihm beizustehen, so wie ich es in »meiner Wält« gerne tat. Hier war ich nun seine Begleitung und die Rollen hatten sich vertauscht. Ich war platt, dass ich diesen Wandel sogar irgendwie genoss.

Martin würde sich kaputtlachen. Martin, der werdende Papa! Aber wenn er dann dem Baby mütterlich die Windeln wechselte, dann würde eben ich lachen!

Luciano war hier ganz offenbar in seinem Element, wie damals im Hafen von Nizza auf seinem Boot. Und ich fand ihn einfach unwiderstehlich. »Unsere Flitterwochen«, meinte er und zwinkerte mir zu.

Ich hätte ja gern öfter mal die *air condition* ausgemacht und ein Fenster geöffnet, um den mediterranen Sommer quasi in unser Liebesspiel mit einzubeziehen, aber Luciano wehrte sich: »Danne sind wir vielleicht zu laut …«, meinte er, als habe er noch immer Rücksicht auf sein sittenstrenges Kind zu nehmen. Hier waren es die Nachbarn, die womöglich im Schatten unter ihrem Sonnenschirm einen Cappuccino tranken oder Gitarre spielten. Zu sehen waren die anderen Trailer jedenfalls nicht, aber das war Luciano egal.

Müde und entspannt suchten wir abends öfter eine der nahegelegenen, kleinen Strandbars auf, ähnlich der, in der er mir am morgendlichen Strand von Nizza einen *café au lait* kredenzte. Zusammengebaut sind sie alle ausschließlich aus weiß gebleichtem Treibholz, das eher wirkt, wie Wal-Knochen. »Moby Dick« hob sich bestens vor einem Himmel in geradezu lächerlichem

Blau und dem goldfarbenen Sand ab. Das zarte Plätschern der sanften Wellen hatte man ständig im Ohr.

Lustigerweise musste ich – die Füße im heißen Sand vergraben – unwillkürlich an den Schweißsand denken, den es bei mir in Berlin im Baumarkt gab und der ebenfalls ganz feinkörnig war. Mit dem hatte ich einen kleinen Sandkasten für die Enkel meiner Freundinnen auf meiner Terrasse hoch über Mitte aufgefüllt, um die Kleinen zu beschäftigen. Ja, und auch, um nicht als neidische, verhinderte Großmutter zu gelten. Bald würde darin Martins Kind sitzen und mich vermutlich Oma nennen. Komisch, dass mir das ausgerechnet beim Liebesurlaub mit meinem mediterranen Lover einfiel.

»Du hast Sex mit einer Oma«, flüsterte ich ihm ins Ohr, was ihn keineswegs zu irritieren schien, als wir unseren Platz unter den Strohmatten, die die Sonnenhitze abhielten, gefunden hatten. Vor unseren Augen ragte ein Affenbrotbaum auf, der anscheinend der Hitze am Strand mühelos standhielt. Plastikstühle in weiß, wie von Obi, aber die hier sahen irgendwie eleganter aus. Ich hatte Luciano in dem Wirbel mit Jolanda noch gar nicht erzählt, dass mein Neffe bald Vater werden würde. Und dass ich dadurch – als dessen Ziehmutter – eine Art Großmutter werden würde. Martin hatte mir ja bereits angeboten, als »Oma ehrenhalber« zu fungieren.

»*Piccola nonna!*«, sagte Luciano so unbeeindruckt wie zärtlich und wischte mir ein bisschen Milchschaum von der Oberlippe. Der kleine, runde Tisch vor uns war ebenfalls aus weißem, leicht angegrauten Plastik und etwas wackelig, da er auf sandbedeckten Strohmatten stand. Seltsam: Das störte mich in dieser Umgebung überhaupt nicht. Ja, es war mir absolut gleichgültig. Dann wackelte der doofe Tisch eben! Und schon schwappte mein *café au lait* deshalb über und der von Luciano auch und wir lachten gemeinsam und küssten uns auf die nassen Münder. Mein Gott, war das Leben schön!

Luciano hatte mit seinen Flitterwochen nicht unrecht gehabt: Wir schliefen lange, frühstückten nicht, sondern holten uns auf dem Weg an den Strand je ein Croissant und einen Milchkaffee und lagen dann unter einem afrikanisch anmutenden Schattenspender, der aus einem Stock und zusammengebundenem Schilfgras bestand, von dem ich gar nicht wusste, dass es hier überhaupt wuchs. Oder gab es hier in der Nähe irgendwo einen Baumarkt?

Natürlich hatte ich im hintersten Winkel meiner Reisetasche die gesamte Batterie an kleinen und großen Helferlein für den Bewegungsapparat einer Oma auf erotischen Abwegen mit dabei – und zwar so verstaut, dass Luciano sie vermutlich nicht entdecken würde. »Orthomol arthroplus, mein homöopathisches Lieblingsmittel Arnika, natürlich in der Potenz D6, Kurkumin-Kapseln und was es sonst noch gab, um gerüstet zu sein für den Ansturm meines *latin lovers*, ohne aus gänzlich anderen Gründen als der Lust zu ächzen und zu stöhnen. Aber in Wahrheit fiel mir erst nach ein paar feurigen Tagen auf, dass ich gar nicht mehr an diese Mittelchen gedacht hatte. War es die Hitze, die ständig wohlig um meine Hüften strich? War es der ebenfalls hitzige Körperkontakt? War es das immer noch sommerlich-laue Salzwasser, das meinem alternden Body so gut tat? Auf jeden Fall genoss ich – ironischerweise ausgerechnet als werdende *nonna* – eine Renaissance der Gelenkigkeit, wie ich sie schon seit geraumer Zeit nicht mehr gefühlt hatte.

Jeden Tag, wenn die Hitze begann, über dem goldenen Strand zu flimmern, als wären überall im Sand kleine Wasserpfützen, machten wir uns auf den Weg zu unserem Trailer. Dort brieten wir uns auf dem Profiherd ein Fischfilet, Luciano zauberte dazu einen seiner mediterranen Salateund wir tranken einen sehr leichten, sehr hellen Chardonnay aus der Gegend, denn für öligen Rotwein war es hier wirklich einfach viel zu heiß. Luciano ließ in seinem Weinglas immer auch ein paar Eiswürfel aus unserem *fridge* klimpern, der diese in der gewünschten Größe bzw. Format aus seinem erstaunlichen Fach in der Tür lieferte, und ich verspürte keinerlei Lust, Luciano zu kritisieren. Eiswürfel im Weißwein, na und? Das war hier halt so Sitte und die änderte sich eben mit dem Klima. Ich musste über mich wirklich staunen: Denn auch, dass sich Liebe hierzulande gern während der Siesta abspielte, weil dann die Kinder meist noch am Strand und von den *nonnas* beaufsichtigt waren, ließ mich gelassen bleiben. Ich musste mir das für Jolandas nächsten Besuch in Berlin merken.

Mit großem Gleichmut ließ ich mich auch vom Strandpersonal betrügen, was mich in Berlin zweifellos zur Weißglut gebracht hätte. Die Liegen am Strand, die Luciano ohnehin für überflüssig hielt, wurden mit schönen, sauberen weiß-blauen Auflagen vermietet und kosten 10 Euro pro Tag kosten. Der fesche junge Franzose, der aussah wie Jean Gabin in jungen Jahren, knöpfte mir gleich 20 Euro pro Liege dafür ab, als er merkte, dass Luciano nicht aufpasste: Gerade schlenderte nämlich eine blutjunge Blondine *topless* an uns vorbei, der stramme Busen einladend wippend. Die Eifersucht piekste und ich achtete natürlich nicht mehr auf das entsprechende Rückgeld …

Wir vertrödelten diese zehn Tage wie im Traum. In einem trägen Trott von Hitze, gleißendem Sonnenlicht, eisgekühltem Schlafgemach, wunderbarem südländischen Essen, gemütlichen kleinen Strandkneipen und sehr viel Liebe. »*Piccola non-*

na«, nannte mich Luciano nun gern und ich lachte und war kein bisschen beleidigt. Martin rief an und berichtete mir von herbstlichen Stürmen in Berlin und schwangerer Übelkeit bei Pam. Und, dass sie nun einen noch größeren Busen hätte als zuvor und sie nun der echten Pamela Anderson mühelos den Rang ablaufen könne, ganz ohne Silikon. Tatsächlich passte mein eigener, hormonell ebenfalls stark herausgefordert, wenn auch aus anderen Gründen, auch kaum mehr in mein Bikini-Oberteil, aber die trug hier ohnehin kaum jemand. Und Luciano liebte es, mich so nackt und braun wie möglich neben sich zu wissen, zu spüren, zu riechen und zu schmecken. Aber nur, wenn keiner kuckte, da war er auch in diesem Fall eher katholisch zurückhaltend. Wir lebten wie in einer Blase – mit allen Sinnen das Ambiente, das Zusammensein, die Hitze, den Körperkontakt genießend. Konflikte gab es keine, denn alles war so einfach, als könnten Männer und Frauen für immer so zusammenleben.

»Wie Adam und Eva«, sagte ich.

»Und wo bleibt die Schlange?«, fragte Luciano.

»Ich glaube, wir haben den Sündenfall schon hinter uns«, grinste ich. Am Abend sahen wir dann doch tatsächlich eine kleine Wasserschlange, die sich von einer Kuhle im nassen Sand in die sanft heranschwappenden Wellen aufmachte.

Der Traum neigte sich allmählich dem Ende zu. Mitunter war es nachts bereits ein klein wenig kühler, sodass wir tatsächlich die Klimaanlage ausstellen und ein Fenster kippen konnten, wenigstens zum Schlafen inmitten eines Konzerts von Zikaden. Aber wir hielten uns so lang wie möglich an der Hitze des Sommertraums fest und wollten uns eigentlich gar nicht mehr loslassen.

KAPITEL 14
DIE KRISE

Wir saßen gerade in unserer kleinen Strandbar und gönnten uns auf der schattigen Terrasse ein Gläschen Weißwein mit Eis, was ich inzwischen ganz normal fand, da summte mein *telefonino*, wie es Luciano nannte und ich inzwischen auch. »*Pronto*«, ging ich gutgelaunt ran. Am anderen *telefonino* war Berlin: »Hätten Sie Lust, für unser neues Internetportal die *public relations* zu betreuen?«, rief die Stimme voller künstlicher Euphorie ins Gerät. Ob die Tante an der Leitung auf Koks war? Mir war allerdings wegen des zweiten Weißweins in der Nachmittagshitze auch eher zum Scherzen.

»Ich scherze nicht«, antwortete die Stimme auf mein Gekicher ungnädig. »Sie würden uns in allen Medien als PR-Lady vertreten«, hieß es. Das klang nach gutem Geld und Prestige.

»Entschuldigung, kennen wir uns?«, fragte ich abwartend. »Ich mache nur noch selten PR-Beratung. Mein Hauptaugenmerk liegt inzwischen auf Coaching.«

»Klar, Sabine, ich war doch kürzlich bei Ihnen in einem Coaching für verhinderte Großmütter. Sie haben das ganz toll gemacht. Unglaublich einfühlsam. Deshalb glaube ich, dass Sie genau die Richtige für unsere PR-Aufgabe wären. Sie können ja wirklich ALLES glaubhaft verkaufen. Sogar Tröstung für ältere Frust-Damen ohne Nachkommen. So wie ich eine bin – Charlotte wie Charlottenburg –, Sie erinnern sich? Ich bin, außer Enkel-los, der CEO der Firma Women-Networks. Kein Startup, sondern schon sehr gut im Business, was sich auch auf unsere Honorare …« Mehr Denglisch.

»Ach so«, sagte ich dümmlich. Wo war nur meine Schlagfertigkeit geblieben? Offenbar machte zu viel Liebe und Sex tatsächlich träge und doof. Besonders uns Frauen. Ältere Frauen. Und viel zu angepasst auch noch. Scheiße!

Ich wechselte auf dem wackeligen Plastikstuhl vom Ferienmodus in meine Business-Positur. Es strengte mich an, aber mein einer Ellbogen machte sich mit übergriffiger Geste sofort auf dem runden Plastiktischchen breit. Beinahe hätte ich ein Glas vom Tisch gewischt. Egal! Luciano beobachtete meine Besitz-Ergreifung und verstand.

»Ja, also, es eilt ein bisschen, wann könnten Sie denn wieder in Berlin sein? Wie ich höre, sind Sie gerade nicht available«, sagte Charlotte. Stimmt, das war die rundliche Blondine mit den Silbersträhnchen, die wild entschlossen war, auch ein Stiefkind ihres Sohnes als Enkel anzunehmen und das auch noch auf Teufel-komm'-raus.

»Hmmm«, machte ich und lugte zu Luciano. Er blinzelte angelegentlich aufs Meer. *Not my business* sagte seine Haltung überdeutlich.

»Wir müssten sehr bald mit Ihnen unsere Strategy entwerfen und dann schnellstens umsetzen«, sagte Charlotte. Sie hörte sich im Business-Modus gar nicht mehr jämmerlich an. Sie noch lange hinzuhalten, war ganz sicher nicht ratsam. Besonders nicht, was großzügige Honorare anging. Schließlich hätte ich ja demnächst neue Verpflichtungen einem Quasi-Enkel gegenüber.

»OK, ich versuche so schnell wie möglich zu kommen. Muss mich noch um den Flug kümmern und gebe dann baldmöglichst Bescheid, wann ich in Berlin bin.«

»Sie kommen dann am besten as soon as possible zu uns ins Büro, damit Sie den ganzen Stab kennenlernen. Wir machen dann sowas wie ein Brainstorming, ich kenne das ja aus ihrem Seminar! Also, ich warte auf ihre Nachricht und freu mich auf die Zusammenarbeit. Powerfrauen müssen ja zusammenhalten!«

Als Powerfrau fühlte ich mich im Moment nicht gerade. Auch wenn ich so dasaß.

»Ich muss sofort nach Berlin zurück«, sagte ich und merkte sofort, dass Luciano schon im Bilde war. Die heitere Entspanntheit war aus seinem braungebrannten Gesicht mit dem schwarzen Schatten des Bartwuchses gewichen. Er sah jetzt plötzlich auch geschäftsmäßig aus. Fern. Es tat mir weh.

»Ich fahren dich dann natürlich nach Nizza zum *aeroporto*«, sagte er knapp. »Aber muss wirklich sein? Kanne nicht noch die Woche einfach hierbleibe? Iste Job denn wirklich so *importante*?« Die Phrase »wichtiger als ich« sagten nur seine Augen.

In mir stiegen Schuldbewusstsein und zugleich auch Ärger auf. Er hatte ja keine Ahnung, was mich die Wohnung in Mitte kostete, ganz zu schweigen vom halbwegs standesgemäßen Auto und dem ständigen, eifrigen Netzwerken in teuren Restaurants. Und da hatte ich ja noch gar nicht die kostspieligen Besuche von mediterranen Hippies samt unerzogenen Töchtern erwähnt. Ich schwieg also, aber meine Mine sprach offenbar Bände.

»OK, dann fahre ich dich. Setze ans *telefonino* unde buche Flug gleich morgen!« Die sexy Schläfrigkeit war sowohl aus seinem Gesicht als auch aus seiner Stimme gewichen.

»Dein Auto ist aber in einem Zustand, dass mich um das Erreichen meines Fluges bangen lässt«, gab ich zu bedenken. »Und keinen TÜV und glatte Reifen hat es auch noch. Was ist, wenn die Polizei uns anhält und ich den Flug verpasse? Und dein Rückwärtsgang geht auch kaum mehr rein, hast du gesagt. Hast du denn inzwischen wenigstens deine Autopapiere gefunden, irgendwo in einer deiner Obstkisten?« Ich konnte eine gewisse Gereiztheit in meiner Stimme nicht verbergen. Mein Job im Norden hatte eindeutig die Oberhand gewonnen.

Luciano schwieg und trank noch zwei Gläser *vino* mit Eis, die er sofort selbst bezahlte. Wir gingen schweigend zum Trailer zurück.

Für den nächsten Tag konnte ich beinahe alles schneller als erwartet arrangieren. Und bestellte gleich auch noch ein Taxi zum Flughafen. Nur zur Sicherheit. Denn Luciano war – abgesehen von seiner Rostlaube – nicht unbedingt der Pünktlichste. Das war mir im Liebesurlaub-Modus natürlich einerlei. Jetzt nicht mehr. Ich wollte diesen Job!

Am nächsten Morgen fand ich mich also gewienert und geschniegelt an der Rezeption des Campingplatzes ein. Ich saß auf Kohlen und wartete auf Luciano, der noch irgendwo tanken wollte. Wo blieb er denn? Der vereinbarte Termin unserer Abfahrt war bereits um 40 Minuten überschritten. Der cremefarbene, nagelneue Mercedes des Taxifahrers rollte heran. Und ganz hinten ratterte nun auch Lucianos Klapperkiste mit beängstigender Geräuschentwicklung über die Landstraße, die zum Camping führte. Rauch hüllte das Gefährt ein. Das auch noch! Keine Ahnung, was ich daran bisher romantisch gefunden hatte.

Luciano stieg aus und eilte sofort zum Taxi, um es ganz offenbar sehr lautstark weg zu schicken. War er in seiner Ehre gekränkt? Seine große Liebe vertraute ihm immer noch nicht. Dabei war er doch beinahe rechtzeitig dagewesen, obwohl er überhaupt nicht verstand, dass sie den Urlaub mit ihm einfach abbrach wegen dieses doofen Jobs!

Ich ergriff sehr energisch meine Reisetasche, eilte zum Taxi, riss dessen Hecktür auf und sagte zum Fahrer: « Nizza, *à l'aéroport s'il vous plait, vite, vite*!«

Luciano blieb stehen wie angewurzelt. Dann sagte er sehr leise: »Habe Naze voll!« Er stieg in sein Auto und fuhr sehr langsam und ratternd davon.

Der Taxifahrer, ein junger Araber in einer Art Fantasie-Livree, sagte nur: »Euro 250, ok?« Er hatte die Notlage blitzschnell erkannt. Vom Rückspiegel baumelte dieses blaue Auge der Mohammed-Tochter in einer Keramik-Ausführung. Am Armaturenbrett prangte ein kitschig verschnörkelter, goldener Kleberahmen, dessen Bildchen eine verschleierte Frau mit stark geschminkten Augen und ein dickes Baby zeigte.

»*Mon fils*«, sagte der Fahrer mit Stolz in der Stimme – *sa femme* erwähnte er nicht. Dann schwieg er, was mir sehr recht war. Nur ja den Scheiß-Flieger nicht verpassen! Ich biss die Zähne zusammen und drehte mich nicht mehr um: »Nase voll« würde also in meine Galerie der *famous last words* eingehen. Na, toll!

Am Flughafen patrouillierten schwer bewaffnete Soldaten mit Maschinengewehren. Das LKW-Attentat auf der *Promenade des Anglaises* war fast genau ein Jahr her. Kriegszustand also auch hier. Das passte ja.

Ich war viel zu früh dran und wartete noch auf meinen *departure*. Auf langen gepolsterten Bänken saßen lauter Reisende, neben mir eine elegante alte Dame mit viel Klunkerschmuck an den Handgelenken. Zwei Eheringe am Ringfinger – Witwe.

»Könnten sie bitte kurz auf meine Sachen aufpassen, ich muss mich mal schnell frisch machen«, sagte sie zu mir. Sehr freundliches Lächeln.

»Klar«, sagte ich. Sie ging davon und man sah von hinten, dass ihr das Gehen Mühe machte.

Würde das jetzt meine Zukunft sein? Allein zu reisen und Fremde zu bitten, auf meine Koffer aufzupassen? Der Gedanke traf mich wie eine grauschwarze Ödnis. Ich konnte Luciano noch an meinem Körper riechen …

KAPITEL 15
ONLINE-FLIRT

Bevor ich viel zu früh im Airport herumsaß, hatte ich mich noch schräg *vis à vis* in ein nahegelegenes Hotel an der berühmten *Promenade des Anglais* begeben. Vor diesem hatte mich der reich entlohnte Taxifahrer abgesetzt, nicht ohne mir meine Reisetasche bis in die Lobby zu tragen. Ich wollte wenigstens noch ein bisschen vom Flair Nizzas schnuppern, wenn ich schon – wenn auch nur kurz – alleine hier war. Das musste ja auch einen Vorteil haben und vor allem lenkte es mich ab.

An der prunkvollen Rezeption des imposanten, neoklassizistischen Hotelkastens, die wirkte, als kämen Cary Grant oder Grace Kelly gleich im Bademantel um die Ecke, wies man mir mit ausgesuchter Höflichkeit den Weg in einen spektakulären, von riesigen Palmen beschatteten Innenhof. Am Boden maurische Mosaike in Gold und dem tiefen Blau der Côte d'Azur, die als reale Farbvorlage in Reichweite flimmernd jenseits der Uferstraße lag. Sie war allerdings seit dem Anschlag, wie ich erfuhr, mit Gittern und Poldern unbegehbar gesichert worden. Weitere, bis an die Zähne bewaffnete, französische Soldaten mit MGs im Anschlag patrouillierten auch hier.

Mein *telefonino* lag stumm auf dem runden, ebenfalls mit Mosaik belegten Kaffeetischchen in Reichweite, als ich mir einen *café au lait* bestellte.

Kein Ton von Luciano.

Ich bestellte mir bei einem der herumstehenden *garçons* einen weiteren Milchkaffee und ein Croissant, denn ich hatte vor der Abfahrt nichts heruntergebracht. Leider erinnerte mich das späte Frühstück an die strahlenden Morgen mit Luciano. Ich trank den exzellenten Kaffee aus der kostbar aussehenden Tasse aus azurblauem, dicken Porzellan mit Goldornamenten so langsam wie möglich und zerbröselte das Croissant überwiegend auf meinen Jeans. Die Zeit bis zum Abflug schien still zu stehen. Ich spürte meinen Puls im Bauch.

Kein Ton von Luciano.

Morgen würde ich mich ja immerhin schon beim Brainstorming meines neuen Arbeitgebers befinden. Mit einem iPad voller Ideen für meine PR-Kampagne. Ich konnte mich auf mein Profitum wirklich verlassen. Also kein Grund zur Aufregung. Warum fühlte ich mich dann bloß dermaßen mutlos? Wie mir Charlotte aus meinem Oma-Seminar gesagt hatte, lag ihr Firmensitz tatsächlich in einem »herrlich renovierten« Jugendstilhaus, ausgerechnet in Charlottenburg. Eigentlich nicht sonderlich originell, ich hatte eher ein Loft in Neukölln vermutet. Da verspürte ich plötzlich einen seltsamen Stich in der Herzgegend. Bisher völlig unbekannt. Und noch einmal dieser Stich. Ob mir die Warterei auf dem harten Bistrostuhl dermaßen zusetzte? Locker bleiben, Mädel, sagte ich mir. Mädel ist gut …

Kein Ton von Luciano.

Tags drauf fand ich mich in Charlottes schneeweißem Firmensitz inmitten ein paar riesiger, schneeweißer Schreibtische mit ebenso riesigen Bildschirmen. Das Ganze war locker arrangiert, davor kamen wippende, durchsichtige Plastikstühle von jüngstem Design effektvoll zur Geltung. Alles in allem wie absichtslos angeordnet in hohen Altbauzimmern mit ebenfalls raumhohen, schneeweißen Sprossenfenstern, dazu dunkles Eiche-Parkett, ganz pur, ohne jegliche Teppich-Bedeckung. Zusammen mit den kahlen Wänden, an die sich ab und zu ein Druck lässig lehnte. Einer zeigte David Bowie, was die coole Note dieses Büros noch unterstrich, was zu einem wohl beabsichtigten Echo-Effekt führte. Die vorhanglosen Fenster verstärkten den optischen und akustischen Eindruck noch.

Eine einzige Wand aus rohen Ziegeln diente als Blickfang, an der ein schwarzes Mountainbike aufgehängt war. Auf einem langen rohen Eichenholztisch standen ein paar Gläser und bunte Designer-Kannen in knalligen Farben und schrägen Formen herum. Hier konnte man tatsächlich nichts anderes tun als zu arbeiten. Charlotte führte mich kurz vor dem Brainstorming-Termin mit ihren top-durchgestylten Mitarbeiterinnen und verhaltenem Besitzerstolz durch ihr Reich: »*My business*«, sagte sie und ich wunderte mich nicht, dass ihr bisher der *approach* auf ein Enkelkind versagt geblieben war. Und ich begriff plötzlich den Blick, den mein Pirat auf die hippe Berliner Business-Szene hatte.

Kein Ton von Luciano.

Ich schaltete mein *telefonino* auf lautlos und brachte die Brainstorming-Prozedur mit routinierter Bravour hinter mich. Ich benutzte dabei meine uralten PR-Ideen, die immer schon gewirkt hatten, angereichert durch Facebook, Instagram und Twitter und erntete sogar Applaus. Die Ladys nannten das *standing ovations*. Print-Anzeigen waren in dieser Firma so selbstverständlich als altmodisch verpönt wie bequeme Bürostühle, auch wenn beides vielleicht effizienter gewesen wäre. Wenn auch keineswegs angesagt.

Ego-mäßig vorübergehend gestärkt vom geschäftlichen Zuspruch, von Lachsschnittchen und einigen Gläsern nicht ganz billigen Proseccos zu Einstand und Vertrags-Unterzeichnung, setzte ich mich zu Hause gleich an meinen Rechner und meldete mich voller Trotz bei einem Online-Flirtportal an. Was dachte sich dieser Pirat mit Zahnlücke überhaupt, überlegte ich wütend. Einfach abhauen mit den kargen Worten »Naze voll« und das nach diesen »Flitterwochen«? Wie ich gerade wieder gespiegelt bekam, war ich immer noch attraktiv, erfolgreich und durchaus nicht frei von tüchtig erworbenem Wohlstand – wenn auch leider alterstechnisch ein bisschen gut bedient. Folglich machte ich mich bei der Flirtbörse ein paar unerhebliche Jährchen jünger, so wie es schließlich alle dort taten. Dass der Pirat ebenso stolz und stur sein könnte wie ich, kam mir gar nicht in den Sinn. Ich war schließlich nicht auf diesen Typen angewiesen.

Pling! Na, bitte! Und da waren auch schon einige passende Interessenten vom Rechner des Flirtportals ausgesucht worden, die ganz suuuuper zu mir passen würden. Sicher besser als dieser Schnarchzapfen vom Mittelmeer, den es schon total abturnte, wenn ich endlich mal wieder meinem lukrativen Job nachging, von dem er sonst ja immer gern profitiert hatte.

Leider träumte ich in dieser Nacht nicht von dem online verfügbaren, »sportlichen und pensionierten Studienrat Hartmut«, der meinem besten Freund aus Berlin auf beruhigende Weise glich, und auch nicht vom »durchtrainierten 70er«, der mit mir per Luxus-Wohnmobil durch die Welt zu gondeln beabsichtigte. Im Schlaf begegnete mir natürlich ausgerechnet der sexy Schnarchzapfen, der sich wegen einer Lappalie so erstaunlich schnell von mir für immer verabschiedet hatte.

Ich wachte von meinem lauten Schluchzen auf, was mich auf der Stelle dazu brachte, mich mit Alex, dem hübschesten und jüngsten unter meinen *matches* zu verabreden. Ich würde nie mehr wegen eines Mannes heulen!

Was mir als erstes auffiel, als er im Café auf mich zukam, waren seine erstaunlich blauen Augen. Vermutlich lag das an der nahezu orangenen Gesichtsfarbe, die er sich offenbar mit einem Selbstbräuner zugelegt hatte. Eine gelbe Tolle wie Trump hatte er zum Glück weder auf Profilbild noch in natura vorzuweisen. Dafür aber ein anderes Erkennungszeichen: Nicht etwa die berühmte rote Rose im Knopfloch, sondern einen pechschwarzen Schäferhund, der nicht angeleint neben Herrchen hertrottete, welches die leichten O-Beine eines exzessiven Sportlers aufwies. Das war ja schon mal was Positives. Das erzählte er mir gleich nach der Bussi-Bussi-Begrüßung, mit der er sich vorstellte: Alex, 38, Jurist, zur Zeit leider ohne Beschäftigung, aber vor allem Marathonläufer.

Er berichtete an diesem Nachmittag noch viel: Dass er zurzeit bei seiner alten Mama im Elternhaus lebe, dass er so gut wie jeden Tag 15 Kilometer laufe und für den Wien-Marathon, der demnächst stattfinden würde, trainiere. Ob ich bereit sei, ihn dorthin zu begleiten? Ich kam wenig zu Wort und er wurde erst richtig putzmunter, als er von der geräumigen, leider noch unbepflanzten Terrasse meiner Altbau-Wohnung erfuhr.

»Ich bin begeisterter Hobbygärtner!«, rief er und streichelte seinen Hund hinter den Ohren. »Ich könnte dir deine Terrasse wunderbar gestalten. Jetzt im Herbst ist ja die richtige Zeit dafür.« Ich blieb in meiner Antwort so vage wie selten, was ihn nicht zu stören schien.

Wenige Tage später läutete mein Handy.

»Luciano!« rief ich begeistert ins *telefonino*. Da war er wieder, der Stich ins Herz.

»Hier ist Alex – jetzt bist du wohl enttäuscht, was?«, erklärte mir der unbeschäftigte Muttersohn. »Ich stehe hier sehr ungünstig auf dem Gehweg vor deinem Haus. Bitte komm' runter und nimm mir den Hund ab, während ich deine Sachen auf deine Terrasse hinauftrage!«

»Bitte?«, entfuhr es mir. »Welche Sachen?«

»Also, ich war in Baumarkt und Gärtnerei und habe jede Menge große Pflanzen und die Zutaten für einen kleinen Springbrunnen nebst Wasserlauf gekauft, die ich gern bei dir installieren würde. Komm' bitte runter.«

Alex hievte also all die schweren Kisten, Töpfe und Utensilien, sportlich wie er war, mühelos auf meine Terrasse im vierten Stock und präsentierte sie mir, als wäre ich die Queen in jüngeren Jahren.

»Du könntest mir ja sicher einen Vorschuss für all die Sachen und die Arbeit von, sagen wir, 1000 Euro geben, oder?« Sein Lächeln ließ die azurblauen Augen strahlen. Er sah wirklich sehr markant, orangefarben und sportlich aus. Kein Wunder, mit seinen angeblich 38 Jahren.

Erschrocken überlegte ich, wie ich ihn am schnellsten loswerden könnte und sah mich bereits in einer langgezogenen, womöglich gerichtlichen, Auseinandersetzung mit jemandem, der mir doch bloß meine Terrasse hatte verschönern wollen. Also verschwanden am nächsten Tag 1000 Euro in bar dezent in der Jeanstasche meines Verehrers.

Immer noch kein Ton von Luciano.

»Wenn du magst, kannst du heute Nacht bei mir bleiben«, sagte ich trotzig zum eben angezahlten Terrassen-Verschönerer mit Abschluss in Jura. Er schaute erstaunt, aber auch geschmeichelt.

»Ok, bringen wir's hinter uns«, meinte ich, als er mir ins Schlafzimmer nachstrebte.

Am nächsten Tag, Alex war in der Nacht zum Glück schon bald entschwunden, vibrierte mein vorsorglich leisegestelltes *telefonino* schon wieder.

»Luciano?«

»Nein, hier ist Alexandra, die Freundin von Alex. Er hat mir von Ihnen erzählt, bitte lassen Sie ihn in Ruhe. Wir sind schon ewig zusammen und er wohnt auch bei mir. Ich finanziere ihn praktisch total, damit er seiner Marathon-Leidenschaft frönen kann und ich hüte auch seinen Hund. Eigentlich seine Hunde. Er hat ja mehrere.« Es hörte sich an, als ob Alexandra schniefte.

»Oh Gott, das tut mir so leid. Das hat er mir natürlich nicht berichtet. Ich werde sofort den Kontakt einstellen!«, rief ich und war froh, einen Vorwand dafür zu haben.

Als ich Alex später um eine Aussprache bat und ihm von Alexandras Anruf berichtete, reagierte er sehr gelassen: »Ok, wenn das so ist, könntest du mich ja quasi auslösen. Ich habe noch einige Schulden bei ihr, die will meine Mutter nicht bezahlen. Wenn du Alex dieses Geld geben würdest, dann wäre ich frei für dich!« Seinen Hund hatte er wohl sicherheitshalber bei Alexandra gelassen.

Heiße Wut wallte in mir hoch. »Ich werde den Teufel tun und dich bei deiner Freundin freikaufen. Bitte verlasse sofort meine Wohnung und komm' nie wieder«, schrie ich ihn an.

»Auch gut«, sagte er völlig ruhig beim Hinausgehen. »Dann eben nicht … du bist mir eh zu alt.«

Die Pflanzen waren wirklich schön, aber mit 1000 Euro eindeutig überbewertet. Als ich mich zu einem Rhododendron herunterbeugte, um ein paar welke Blätter abzuzupfen, konnte ich mich kaum rühren. Man müsste die Dinger jetzt auch schnell einpflanzen. Aber mir tat wirklich alles weh. Hatte ich nicht meine Arthrose in den letzten Monaten schon beinahe vergessen? Zugegebenermaßen vor allem in der Hitze des Südens und der von Luciano? Aber vermutlich war es nur das wohltemperierte Salzwasser, das mir so gut getan hatte.

»Nun bist du halt wieder in kälteren Gefilden, Alte! In jeglicher Hinsicht!«, sagte ich mir tapfer. »Wirklich zu alt?« Ich trottete zum Küchenschrank, holte mir eine Portion »Orthomol arthroplus« und schaute zu, wie das orangefarbene Gebräu sich im Wasserglas auflöste. Seine Farbe wirkte so falsch wie der Teint des Marathonläufers und es schmeckte auch entsprechend. Schwamm drüber und nach vorn schauen, rief ich mich zur Ordnung. Das Herz piekste trotzdem.

Kein Ton von Luciano.

In den Nachrichten hieß es abends, dass sich im chinesischen Wuhan ein unbekanntes Virus ausbreite und dass es auch in Europa schon Fälle mit tödlichem Ausgang gegeben hätte.

KAPITEL 16
DIE GRENZEN SIND ZU

In dieser Nacht half mir Orthomol arthroplus kein bisschen. Und auch kein Paracetamol, das ich sonst nur im Notfall einnahm. Ansonsten vertraute ich meist auf homöopathische Globuli und meine feste Überzeugung, dass die schon irgendwie etwas bewirken würden, was sie dann auch meistens taten. Wie verwöhnt ich mit meiner robusten Gesundheit über viele Jahre hinweg war, wusste ich damals noch nicht so genau.

Ich wachte mit einem mir unbekannten Gefühl knisternder Panik auf, schlotterte am ganzen Körper und fürchtete, mich sofort hier im Bett übergeben zu müssen. Kopf heiß, Hände und Füße eisig. Kalter Schweiß auf Stirn und Oberlippe, die sich so pelzig anfühlte, wie die Zehen. Oh Gott! Was war das? Es fühlte sich an, als sei mein letztes Stündlein gekommen. Kater Pommes sprang aufs Bett, schaute mir erst mal aufmerksam in die Augen und trollte sich wieder, als er merkte, dass ich offenbar in der Lage war, mich wieder in den Griff zu kriegen.

Nachdem ich mich einigermaßen gefasst hatte, suchte ich online Rat und Hilfe und stieß auf die Erklärung: Ich hatte eine stinknormale Panik-Attacke, wie sie unglaublich viele Leute ertrugen, die ich bisher für Weicheier gehalten hatte. Die Notfall-Atmung, die tatsächlich augenblicklich wirkte, ging so: Einatmen auf 4, Luft anhalten auf 7 und langsam ausatmen auf 8.

Das war's. Und das so lange, bis die Panik sich gelegt hat, was nach ungefähr einer Minute der Fall ist.

Als ich wieder etwas entspannter in den Kissen lag, fragte ich mich natürlich, was mit mir geschah. Schmerzen in der Hüfte, Blutdruck so hoch, dass ich vermutlich demnächst Betablocker schlucken musste und nun auch noch eine beschissene Panik-Attacke: Was war nur mit mir in letzter Zeit passiert? Wurde ich tatsächlich mit jedem Jahr dünnhäutiger, wie meine deutlich ältere Tennisfreundin Renate mir stets prophezeit hatte? Weniger belastbar ganz ohne Zweifel und von Jahr zu Jahr mit neuen Zipperlein geschlagen ... Auch wenn das antiquierte »Zipperlein« deutlich weniger dramatisch klang als »Altersbeschwerden«?

Mir war ja klar, dass die besten Jahre irgendwie vorüber waren mitsamt ihrer Verheißung einer glorreichen Zukunft in Schönheit, Reichtum und Erfolg. Aber war es das nun auch mit der stinknormalen Lebensfreude und mit gelegentlichen Highlights von Liebe und Erotik? Wer würde schon Sex mit einem Wrack haben wollen, das im Bett plötzlich von einer Panik-Attacke übermannt wurde, anstatt vom Partner? Oder mit jemandem, dessen roter Kopf und heftiges Atmen auf einen alarmierend hohen Blutdruck zurückzuführen war?

Ich spürte zum ersten Mal im Leben, wie sich mein bisher stinknormales, wohliges Lebensgefühl verflüchtigte, als ob es allmählich aus meinem Körper rinnen würde. War das nun auch noch die Altersdepression, von der so viele meiner Freundinnen munkelten und die dagegen Beruhigungsmittel oder Piccolos schluckten?

Ich machte den Fernseher an. Aber statt dümmlicher Ablenkung mit irgendeinem Ratespiel, zeigten die Nachrichten schreckliche Bilder von Intensiv-Patienten. Angeblich ist es durch Wildtiere auf einem Markt auf den Homo sapiens übergesprungen. Manche raunten sich auch Gerüchte von einem Labor für Biologische Waffen in Wuhan zu. Von der Regierung wurden strengste Maßnahmen erlassen: keine engen Kontakte mehr, Masken tragen, Abstand halten und das Beste hoffen. Einen Impfstoff gab es noch nicht, aber es wurde mit Hochdruck geforscht. Virologen und medizinische Labore arbeiteten am Anschlag. Man brauchte wirklich sofort einen Impfstoff. Sofort! Aber wo blieb er? Und da sollte man keine Panik-Attacke bekommen?

Es war jetzt genau 3 Uhr und 17 Minuten. Laut *telefonino* würde das Wetter herbstlich kühl werden; die Temperaturen fielen von Tag zu Tag. Auch das noch! Abwärtstrend in jeder Hinsicht. Plötzlich fing das Handy in meiner Hand zu vibrieren an. Nachts stellte ich es immer leise, nicht zuletzt, weil ich keine Lust hatte, Alex zu erklären, dass er seine blöden Pflanztöpfe gern wieder abholen könne, wenn ihm dafür 1000 Euro zu wenig erschienen. Der Typ war schon von paradiesischer Unverfrorenheit.

»Hallo, hier ist Alex«, hörte ich dann auch dessen Stimme. »Findest du nicht, dass du mir noch Geld schuldest? Für die ganzen Pflanzen?«

»Das ist ja die Höhe, lieber Freund! Lass' mich endlich in Ruhe mit deinen unverschämten Anrufen. Sonst zeige ich dich wegen Stalking an! Mir reicht es jetzt!«, schnauzte ich ins *telefonino*, das solche Töne von mir gar nicht gewöhnt war. Alex war offenbar auch erschrocken. »Ich meine das ernst, du Penner! Ich zeige dich sofort als Stalker an und dann musst du mir von Amts wegen vom Leib bleiben!!!« Er legte sehr schnell auf.

Oh Gott, wie würde das mit Corona weitergehen? Die Nachrichten berichteten, dass auch innerhalb der EU die Grenzen geschlossen würden. Nun gab es ja keine Chance mehr für Luciano und mich, unser beider Grenzen allmählich wieder zu öffnen … Bei dem Gedanken hätten meine Knie nachgegeben, wenn ich nicht im Bett gewesen wäre. Sie zitterten trotzdem. Außer Panik nun also auch noch ein Herzinfarkt dachte ich und musste trotz allem lachen. Vielleicht war es am besten, mit dem Altern so lange seinen Scherz zu treiben, bis man sich darüber totgelacht hatte. Komisch: Das Leben hatte mich wieder, auch wenn eigentlich nur Schreckliches passierte. Und wir Idioten waren zu stolz und zu stur gewesen, um uns rechtzeitig wieder zu versöhnen! Was hätte ich gerade jetzt dafür gegeben, wenn er mich ganz fest und tröstlich umarmen würde. Ob Luciano mich genauso wenig vergessen hatte, wie ich ihn? Ob es bei ihm auch so eine lachhafte Episode wie bei mir gegeben hatte? Scheißegal!

Ich hörte im Geist wieder seine Stimme. Und es durchströmten mich das Leben und die Liebe. Das wusste ich jetzt ganz genau. Viel genauer als früher. Für immer keine Ausflüchte mehr. Aber nun war es wohl zu spät: Irgendwann kämen wieder bessere Zeiten und ich sah uns im Geiste an der Deutsch-Französischen Grenze mit Rollatoren aufeinander zustürmen, so schnell uns unsere wackeligen Beine noch tragen würden. Ich musste zum ersten Mal seit längerer Zeit laut herauslachen. Würde alles doch noch gut werden? Oder hatten wir uns jetzt durch das Schicksal endgültig verloren?

Am nächsten Morgen hatte ich mich einigermaßen aufgerappelt. Seit jeher war es meine Devise, mir in schlimmen Zeiten jemanden zu suchen, dem es womöglich noch viel schlechter ging als mir. Dem ich helfen konnte und damit dann auch mir.

Sofort fiel mir meine Tante Mizzi ein. Schon ewig hatte ich sie besuchen wollen, die mit weit über 94 in einer sehr teuren »Senioren-Residenz« weilte, die nichts destotrotz ein Altenheim oder besser noch eine Endstation mit Luxushotel-Tarnung war. Ich hatte sie zwar regelmäßig angerufen, aber einen Besuch immer wieder hinausgeschoben, bis sie gar nicht mehr darum bat. Ihre Söhne ließen sich anscheinend auch nicht sehr oft bei ihr blicken.

Meine Hüfte schmerzte und es wurde wohl allmählich Zeit, mal ein genaueres Auge auf meine wenig glorreiche Zukunft im Heim zu werfen, falls es durch diese Pandemie nicht mehr gelingen sollte, wieder in Liebe mit Luciano vereint zu werden. Aber auf jeden Fall würden wir auch gemeinsam nicht jünger und einer bliebe immer allein zurück. Wenn man sich das alles so genau vergegenwärtigte, war der Alkoholkonsum auf den Altenheim-Stationen wirklich kein Wunder und der von Psychopharmaka erst recht. Auch wenn der Alkohol deutlich mehr Vergnügen machte.

Es eilte auch mit meinem Besuch bei Mizzi-Tante, denn die Heime würden in den nächsten Tagen alle Besuche verbieten und die Alten noch mehr isolieren als sie es ohnehin schon waren. Von »körperlichem Kontakt, wie Umarmungen, Hände geben, Küsschen, etc. ist selbstverständlich abzusehen, um eine Infektion unserer besonders gefährdeten Bewohner zu vermeiden«, hieß es auf einem Plakat, das an der Rezeption angebracht war. »Bewohner« hieß das also hier, was ja nicht gerade persönlich und heimelig klang. Mizzi hieß nur Mizzi-Tante, aber war in Wirklichkeit die Schwägerin meiner teppich-knüpfenden Oma.

Im Aufzug stand ein alter Herr, sehr teuer und altmodisch Ton-in-Ton gekleidet mit dunkelbrauner Hose samt Bügelfalten und teurem Hemd unter teurem Sakko. Er lehnte sich leicht schwankend an den Rundum-Spiegel während der Fahrt in den 4. Stock, in dem meine Tante wohnte. Im Aufzug roch es leicht nach Alkohol.

»Wo wollen Sie denn hin?«, fragte er galant.

»In den vierten zur Frau Gabanyi«, sagte ich.

»Oh, das ist eine sehr charmante Dame. Sie klingt irgendwie nach Ungarn. Ihre Frau Mama?« Er hing förmlich in der Rüstung seiner guten Erziehung wie ein erschöpfter Krieger, dem sie Halt gewährte. Er lallte nur ein ganz kleines bisschen.

»Nein, meine Tante«, antwortete ich. »Sie kennen Sich?«

»Sie ist immer noch sehr attraktiv. Ich schwärme ein bisschen für sie. Sie muss einmal eine großartige Schönheit gewesen sein …«, sagte er. »Ich wünsche Ihnen einen schönen Nachmittag mit ihr. Grüßen Sie sie von ihrem Wohnungsnachbarn, bitteschön.«

»Mache ich gern«, beeilte ich mich zu sagen. So sah also die Endstation aus. Und wie es schien, ging es nie zu Ende mit der Schwärmerei. Das war trotz allem irgendwie ein bisschen tröstlich. Als er durch die Lifttür ging und schließlich mühsam los trottete, hörte ich ihn pfeifen und erkannte den uralten Gassenhauer »Ob blond, ob braun, ich liebe alle Frau'n …« Er musste mal ein richtiger »Schwerenöter« gewesen sein.

Tante Mizzi erwartete mich in der Cafeteria, wo man sie im Rollstuhl hingefahren hatte. Voriges Jahr hatte sie mit mir noch in ihrem Zimmer *csárdás* getanzt. Und früher auch mit meiner Oma. Ich spürte wieder diesen scharfen Stich in der Herzgegend, den ich in letzter Zeit öfter wahrnahm, wenn ich negative Gefühle bekam. Sie tat mir so unendlich leid.

»Ich weiß garrr nicht, wo meine Söhne bleiben«, sagte sie als erstes und gab mir mit abwesendem Blick die Hand. »Sährrr schön, dass du mich wänigstens besuchst«. Wie sie das R rollte, erinnerte mich an meine Oma, ihre Schwägerin damals in Siebenbürgen, und ich musste schlucken. Sie saß so winzig und zusammengesunken in ihrem Rollstuhl. Der Kopf viel zu groß für den zerbrechlichen Körper.

»Warrrum holen mich meine Söhne hierrr nicht wäg?«, fragte sie mit großen Augen. Ja, warum? »Was soll ich hierrr mit den ganzen fremden alten Leuten?« Ich schwieg.

»Gleich kommt die Schwester, die ist imärrr so nätt zu mirrr.« Sie schob einen der Plastikbecher mit Hagebuttentee, von dem ich schon wusste, dass er pappig war, in meine Richtung über die Plastiktischdecke mit blauen Margariten. Für die Preise, die man hier für die »Bewohner« verlangte, könnte das teure Heim wirklich auch schönere Tischdecken auflegen, fand ich, sagte aber nichts.

»Ich brauche drrringend neue Unterwäsche. Die alte ist schon ganz zerschlissen. Könntest du mir welche kaufen?«, fragte Mizzi und wartete die Antwort gar nicht ab. »Du müsstest mit mir mal zum Aufboden hinauf gehen, da habe ich schon mein Etui aufbewahrt«, wechselte sie das Thema. Sie sagte »Aufboden« wie meine Oma, was so viel wie Dachboden hieß.

»Etui?«, fragte ich. Fehlte ihr denn eine Brille?

»Istenem, das ist natürlich mein Sarg«, sagte sie trocken und kicherte in sich hinein. »Den habe ich mir ausgesucht, als ich noch gehen konnte. Weißt du noch, wie wir damals in meiner Küche zusammen *csárdás* getanzt haben?« Sie war damals schon gut über 90 gewesen.

Eine Pflegerin kam und band Mizzi-Tante ein Lätzchen aus Plastikstoff um. »Wir kriegen alle hier diese komischen Dinger an. Wie im Kindergarten. Und meistens auch Schnabeltassen. Sie reden auch mit uns wie im Kindergarten«, sagte Mizzi erklärend. »Ich höre auch nicht mehr richtig. Wenn meine Enkel kommen, schreien sie mir ins Ohr. Das ist mir peinlich!« Ich schwieg. Was sollte ich dazu auch sagen.

»Kürzlich habe ich der Schwester nicht rechtzeitig gesagt, dass ich mal muss. Da ist es dann in die Hose. Seitdem ziehen sie mir Windeln an. Das sage ich aber meinen Söhnen nicht. Ich schäme mich. Zum Glück vergesse ich sowas dann auch wieder schnell.«

»So ist Vergesslichkeit im hohen Alter auch wieder ein Vorteil«, nickte ich ihr zu. Am Tisch rechts von uns saß ein alter Mann, der wackelte die ganze Zeit mit dem Kopf. Mizzi bemerkte, dass ich hinsah.

»Er wiegt sich immer hin und her wie ein Elefant im Tierpark«, sagte sie und lächelte erneut. »Hier sind fast keine Männer mehr. Nur lauter alte Frauen. Ich glaube, der spinnt.«

»Wie geht es denn deinen Söhnen«, fragte ich, um sie auf ein anderes Thema zu bringen.

»Der Ältere war letztens mal kurz da. Er ist halt viel unterwegs, beruflich. Er sagt jetzt plötzlich wieder Mami zu mir, wie früher. Ich würde gern bei ihm leben. Aber das geht jetzt nicht mehr sagt er, wegen der Pflegebedürftigkeit. Früher ging das aber auch nicht. Sie haben halt ihr eigenes Leben. Letzte Woche sind hier gleich mehrere gestorben. Das geht immer so in Schüben. Dann werden die nachts abgeholt, damit es keiner merkt.

Ich habe mir das Altsein nicht so schlimm vorgestellt.« Ich schwieg. Was sollte ich dazu auch sagen? Würde ich sie denn zu mir nach Mitte holen wollen?

Der alte Herr aus dem Aufzug kam in den Raum und grüßte geradezu elegant zu Mizzi hinüber.

»Der ist schon 92«, sagte sie. »Er sitzt meistens links von mir am nächsten Tisch. Er hat blaue Augen und war früher Bäcker. Der sagt immer, er wolle von mir einen Kuss. Ich wäre die Schönste hier. Aber der kann mir gestohlen bleiben. Manchmal nimmt er einfach meine Hand und hält sie fest. Eigentlich ist das doch ganz schön. Man ist dann nicht mehr so allein.« Der alte Herr prostete Mizzi mit seiner Piccolo-Flasche zu, aus der er ohne Glas trank. Ich staunte, dass man ihn gewähren ließ. Vermutlich scheuten die Pflegerinnen den zusätzlichen Stress zu Corona …

Wenige Wochen später trugen wir auch Mizzi-Tante zu Grabe, denn sie hatte von einer Pflegerin Corona erwischt. »In meinem Leben geht es zu wie bei den zehn kleinen Negerlein«, schrieb ich auf Whatsapp an Luciano und löschte es gleich wieder. Er hatte sich nämlich bisher kein einziges Mal gemeldet bei mir. Martin schon.

»Pass gut auf dich auf«, whatsappte er mir. »Wir brauchen dich vielleicht demnächst! Und bis bald, oder auch *á bien-tôt*«. Das sollte wohl ein Witz zum Thema Corona sein.

Ich schickte ihm als Antwort das alte Loriot-Video auf Youtube, das Opa Hoppenstedt bei der Weihnachtsfeier mit seiner trauten Familie zeigt: »Früher war mehr Lametta!«, rief Opa Hoppenstedt. Keiner hörte ihm zu. Ja, früher war auch in meinem Leben mehr Lametta gewesen. Und da läutete plötzlich mein Festnetztelefon im Büro.

TEIL 3
NEUE UFER

KAPITEL 17
EIN BABY ÄNDERT ALLES

»Tantchen, sie ist da, sie ist da! Meine Tochter ist da!!!« Mir platzte fast das Trommelfell, so laut rief er. Martin war total außer sich. Er lachte und weinte durcheinander. So hatte ich ihn, seit er erwachsen war, noch nie erlebt. Offenbar rief er noch aus dem Kreißsaal an, denn ich hörte das Baby aus vollem Halse brüllen.

OH, MEIN GOTT!!! Unglaublich: Gerade hatte Tante Mizzi ihr »Etui« bezogen und nun gab es plötzlich ein neugeborenes Familienmitglied. »Einer geht, ein anderer kommt«, hatte meine Oma, Mizzis Schwägerin, immer gesagt. Wie recht sie hatte! Ich brachte zunächst kein Wort heraus. Ich hätte ebenfalls lachen und weinen können. Dann fasste ich mich: »Gratuliere, lieber Papi! Dann hast du mich ja eben zur Großtante gemacht!«Ich brach schnell ab, denn ein Kloß im Hals hinderte mich am Sprechen.

»Kommt nicht in Frage!!! DU bist jetzt eine OMA!!!«, korrigierte mich Martin nun immerhin ein bisschen gefasster. Meine »Enkelin« schrie unverdrossen mit unglaublicher Lautstärke. »Gute Gene – starke Lungen«, sagte der junge Vater und platzte dabei schier vor Stolz. Selbstverständlich waren das SEINE guten Gene, dachte er wohl. Auch wenn es da ja noch irgendwie eine junge Mutter gab.

»Pling!« machte mein Handy wie ein sanftes Glöckchen, das zum freudigen Ereignis passte. Eine Flut Fotos der wunderschönen, aber so erschöpften wie strahlenden jungen Mami mit ihrem in Tücher gewickelten, puterroten, ja, beinahe lilafarbenen Baby im Arm, ergoss sich in meinen ohnehin schon überfüllten Telefonspeicher. Scheißegal! Es gab plötzlich wieder eine Zukunft – auch für mich!!!

»Wie soll sie denn heißen?«, fragte ich leise, denn ich unterdrückte schon wieder meine Rührung. Oh mein Gott, ich war tatsächlich kurz vor dem Greisenalter noch Oma geworden. Oma von dieser kleinen, hilflosen Maus, die mit großen, blauen Augen um sich sah wie ein Robbenbaby. Die Hand ihrer Mami war noch mit einem Infusionszugang verklebt. Pam sah, völlig ungeschminkt und sehr strapaziert, wie sie war, unendlich weich und glücklich aus. So eine Geburt war – wie ich jetzt sah – wirklich eine Naturgewalt. Und manche Freundinnen hatten gemeint, dass es doch angenehm sei, ohne diese Tortur noch Großmutter zu werden.

»*Aunty*, wir müssen uns beeilen, bald machen sie die Klinik wegen Corona total dicht für Besucher und du darfst nicht mehr rein!«, rief der frisch gebackene Papa froh. »Ich mache mich schnellstmöglich auf den Weg zu meiner geliebten kleinen Familie«, erwiderte ich und die letzten Worte erstarben nun endgültig in meinen Freudentränen.

Doch aus dem Besuch im Krankenhaus wurde nichts mehr: Weder Großeltern noch Tanten oder sonstige Verwandtschaft wurden eingelassen. Die arme junge Mutter war mit ihrem Neugeborenen, abgesehen vom Klinikpersonal, überwiegend allein. Vor dem Eingang standen Wachleute in dunkelblauen Overalls mit der Aufschrift »Security« und bewachten ihn so streng als wäre es der von Fort Knox. Sogar Martin, der junge Vater, war ausschließlich mit Maske bei der Geburt im Kreißsaal und musste dann nach dem eiligen Anfertigen zahlreicher Videos der süßen Claire, die auch in die USA zu Pams Eltern gesandt wurden, die Klinik schnellstens verlassen. Mutter und Kind blieben dort tatsächlich allein zurück.

Besichtigungen des erstaunlich winzigen Nachwuchses waren ausschließlich durch die modernen elektronischen Medien möglich, die plötzlich einen ganz neuen Sinn erhielten. Ich hing denn auch praktisch den ganzen Tag erwartungsvoll über meinem neuen, roten iPhone, das ich mir geleistet hatte, nachdem mir das alte aus der hinteren Jeanstasche ins Klo gefallen war. Natürlich teilte ich allen, die mir lieb und wert waren, die frohe Botschaft mit und leitete die Videos, die mir die reizende Pam schickte, in alle Himmelsrichtungen weiter, dass mein Akku nur so glühte.

Ach, wie gern hätte ich auch Luciano über das Ereignis informiert, getraute mich aber nicht, weil er weiterhin völlig stumm blieb. Zwischen Frankreich und Deutschland ging nun auch wegen Corona gar nichts mehr, die Infektionszahlen schossen überall in die Höhe, die Intensivstationen waren überfüllt und ein Impfstoff wurde auf beiden Seiten des Rheins geradezu verzweifelt gesucht, aber bisher nicht gefunden. Man munkelte von einem türkischstämmigen Wissenschaftler-Paar, das in Deutschland angeblich an einer Entdeckung hautnah dran war.

Bei aller Freude über die kleine Claire setzten der allgemeine Stillstand und das angespannte Abwarten, das dadurch auch beruflich entstand, besonders uns Freien schmerzhaft zu. Ich war froh, dass ich mir mit einigen Coaching-Seminaren, wie dem mit den verhinderten Großmüttern, ein kleines Finanzpolster angelegt hatte, als die nächste Hiobsbotschaft kam: Ausgerechnet Charlotte aus Charlottenburg, die mit dem nagelneuen Startup, für das ich die gesamte Werbekampagne übernommen und sogar weitestgehend durchgeführt hatte, war zahlungsunfähig.

»Es tut mir so leid, liebe Sabine, und ich danke dir nochmals für dein herausragendes Engagement für unser aufstrebendes Unternehmen, aber nun ist leider der Covid-Katastrophenfall bei uns eingetreten. Wir haben gewaltig investiert und nun geht es nicht weiter und es sitzen uns die Gläubiger, meist selbst in Schwierigkeiten, im Nacken! Du musst dich leider gedulden, bis wir nach der Pandemie wieder Fuß gefasst haben … So sorry! Herzlichste und dankbare Grüße, Dein Fan Charlotte.«

Kurz und gut, meine Branche – und damit ich – steckten in finanziellen Turbulenzen. Denn wer denkt in einer Pandemie schon an Coaching oder Werbung oder Public Relations? Und dann flatterte mir auch noch eine stramme Steuernachzahlung ins Haus, für die ich erstmal Stundung beantragte. Aber aufgeschoben war beim Finanzamt bekanntlich leider niemals aufgehoben und deshalb musste ich schließlich auf meine Wohnung eine Hypothek aufnehmen, deren Raten ich bald kaum mehr bedienen konnte.

Was sollte ich bloß tun? Martin wusste immerhin halbwegs Bescheid, sonst aber niemand auf der Welt. Und Luciano schon gar nicht, das hatte ich meinem Neffen eingebläut. Ich wollte nicht als die ältliche, ehemalige Erfolgsfrau dastehen, die ich ja nun leider geworden war. Martin hatte kurz vor Covid gerade noch eine größere Praxis bezogen, weil er für seine Rolle als Familienvater vorbereitet sein wollte und wäre durch Finanzhilfen mir gegenüber selbst in Schwierigkeiten gekommen. Seine Pam hatte von alledem keine Ahnung und wir waren uns einig, sie in aller Ruhe in ihrem Mutterglück schwelgen zu lassen, zumal ihr Mutterbusen die echte Pamela Anderson vor Neid hätte erblassen lassen.

Und nun war ich also nahezu pleite, aber immerhin eine frischgebackene Oma – bei all dem Stress neuerdings sogar eine mit Bluthochdruck. Auf meinem Nachtisch lagen diverse in Alu verpackte Blutdrucksenker mit idiotischen Namen, die ich zunächst regelmäßig, dazu welche bei Bedarf, zu nehmen hatte. Meine Ärztin erwartete von mir, dass ich nun mehrmals täglich mit einer lächerlichen, aufblasbaren Arm-Manschette meinen Blutdruck maß, wodurch ich leider begann, mich als »ältere Patientin« zu fühlen, statt wie bisher als eine Powerfrau, die so jung und dynamisch war, wie sie sich fühlte. Sexy war das wirklich nicht.

Folgerichtig unterließ ich es, mich nach all der Zeit bei Luciano zu melden. Ich konnte mir seine Reaktion auch lebhaft vorstellen: »Schmeiß doch die ganzä Pillen in Müll und sobald Corona vorbei, komm her und du brauchst dann keine Medikamente mehr außer mir!« Falls er überhaupt noch Interesse hatte und nicht an einer ähnlich dümmlichen Episode wie der meinen mit Alex hängengeblieben war.

Die Pandemie zog sich hin, die Kranken- und Todeszahlen stiegen weltweit, die Seuche entwickelte neue Varianten und die Impfkampagne mit den allerersten neuen Impfstoffen aus Deutschland und den USA lief schleppend an. Masken gab es hierzulande auch nicht in genügender Zahl, obwohl sie die Medizin dringend empfahl, um Ansteckungen durch die Atemluft zu vermeiden.

Der absolute Lichtblick in meinem Leben war nun die kleine Claire! Denn als Pam aus der Klinik entlassen wurde, durfte ich mich dann und wann zu meiner jungen Familie schleichen und angetan mit einer riesigen FFP2-Maske die Kleine bewundern. Pam legte sie mir sogar gleich vertrauensvoll in den Arm, und das Baby sah mir ernst und sehr lange in die Augen, aufmerksam und genau, als wollte es sagen: »Wer bist denn Du? Kommst du nun öfter zu mir?« Für Pam war ich die *granny*, was irgendwie weniger altbacken klang als Oma und mir schon deshalb gefiel.

Ich kam so oft es die jungen Eltern mir erlaubten bei Martin und Pam vorbei. Die Kleine lag jedes Mal auf jener riesigen, aus bunter Wolle gehäkelten Decke, die ich den ganzen Winter über gehäkelt und sie ihnen für Babys erste Krabbelübungen geschenkt hatte. Ich kauerte mich dann zusammen mit Pam, die die Kleine immer noch stillte, auf den Boden zu der von Mal zu Mal grösser und wacher gewordenen Claire. Ich hatte ja wenig Erfahrung mit Babys und staunte, mit welcher Geschwindigkeit sie sich entwickelten. Und junge Mütter offenbar auch: Pam hatte nach wenigen Wochen wieder ihre schlaksige, langbeinige und von monströsen Brüsten gekrönte Figur. Wie ein Pornostar, von Martin immer mal wieder höchst wohlwollend betrachtet, denn »ihre« waren ja auch echt und nicht aus Silikon. Mit Überlegungen in dieser Richtung würde er allerdings noch warten müssen, denn Pam ging im Moment noch voll und ganz in ihrer Mutterrolle auf.

So wie ich in der einer Oma: Ich floss beinahe dahin, wenn Claire mit ihren winzigen Händchen nach meinem Finger griff und ihn mit erstaunlicher Kraft ganz fest hielt. Es gab aber leider ein Hüft-Problem. Ich wusste nämlich nicht, wie ich aus der Position am Boden wieder hochkommen sollte. Und das so unauffällig wie möglich. Nachdem ich zunächst abgewartet hatte, bis Pam oder Martin kurzzeitig aus dem Zimmer gingen, um mich dann mühsam hochzurappeln, ließ ich mich nun schlauerweise in der Nähe eines Stuhls oder des Couchtisches nieder, von wo aus ich mich auch ohne lautes Ächzen hochstemmen konnte, wenn es an der Zeit war, allmählich zu gehen. Pam bemerkte das natürlich wohl, verlor aber kein einziges Wort darüber. Diese süße, warmherzige, zärtliche Mami! Martin hatte wirklich einen guten Griff getan..

»*I am afraid, I am a Granny who is somewhat over 50*«, sagte ich quasi im Scherz zu Pam, um meine Hüfte aus der Tabuzone zu bringen. Ich wusste, dass ihre Mutter in den USA an die 15 Jahre jünger war als ich. Ich musste also zähneknirschend eingestehen, dass ich für eine frischgebackene Großmutter mit runden 70 schon ziemlich antik und daher mit diversen Zipperlein behaftet war. »Das einzige, *what counts, is that you love her*!«, antwortete Pam in ihrem lustigen Denglish, in dem sie momentan noch sprach.

Schaute ich in Claires dunkelblaue Augen, waren alle Zipperlein vergessen. Wer hätte gedacht, dass so ein winziges Menschlein solche Gefühle in einem wecken könnte? Und ich muss zugeben, dass mein Interesse an einem erneuten Kontakt mit Luciano allmählich etwas nachließ. Zumal er dann womöglich peinlicherweise immer wieder nach meinem Job fragen würde. Er hatte sich damals in eine reifere, erfolgreiche Powerfrau verliebt. Und nun war ich nicht nur um einiges älter, sondern auch keine Erfolgsfrau mehr, eher arm wie eine Kirchenmaus, falls das Finanzamt mit der Pfändung meiner Wohnung ernst machte.

Würde ich ihm überhaupt noch gefallen, wenn er die Wahrheit erfuhr? Ich konnte mit Luciano nicht nur wegen der Pandemie nicht in Kontakt treten, ich hatte einfach auch Angst davor, ihn mit meiner neuen, sehr viel bescheideneren Realität zu konfrontieren. War ich nicht bisher immer die starke, unabhängige, wohlhabende Macherin gewesen, die ihn großherzig einlud und nicht von oben herab beurteilte? Und nun war ich in diesem einen Trennungsjahr zu einer älteren Frau mit Hüft-Arthrose und Blutdruck-Problemen geworden, die auch noch fast ihr ganzes Herz an ihre nagelneue, zauberhafte Enkelin verloren und vielleicht gar keine Kapazitäten mehr für einen so viel jüngeren, vitalen Mannskerl übrig hatte …

Aber wie schön war damals unsere gemeinsame Zeit gewesen, wie federleicht, wie hell und einfach! Das wurde mir erst jetzt so richtig bewusst, seit ich Zeit zum Nachdenken und Nachfühlen hatte und ich nicht ständig beschäftigt war, wie er es immer bemängelte. Ich sah ein, dass ich mich mit Luciano um glatte 20 Jahre jünger und vitaler gefühlt hatte. Warm umgeben von seinen heißen Gefühlen.

»*Nizza, il cielo …*« Ach ja. Vorbei.

KAPITEL 18
OMA RAFFT SICH AUF

Rückenlage, das linke Bein gestreckt in die Grätsche bewegen, ganz ruhig und kontrolliert am Boden entlang. Fuß in Flex-Stellung. Nicht zu schnell. Das machen wir 15 mal«, kommandierte der sympathische Sportprofessor der Uni Köln von seinem Youtube-Kanal aus. Ich tat, wie mir geheißen und zählte tapfer bis 15. Jetzt war das rechte Bein dran. Als nächstes musste man beide Beine am Rücken liegend zur Brust hin anwinkeln, soweit es ging und mindestens eineinhalb Minuten in dieser Position verharren. Danach waren Dreiecke dran, die man mit gestrecktem Bein in die Luft zu malen hatte. 15 mal – jede Seite für sich natürlich. Eine Yoga-Drehbewegung der Hüften kam ebenfalls noch dran und schließlich die Dehnung des Hüftbeugers. Diesen konnte man, auf dem Bauch liegend und auf die Ellenbogen aufgestützt, aus der Verkürzung durch Alter und zu vieles Sitzen in Richtung Beweglichkeit trainieren. Und das jeden Morgen circa 20 Minuten lang, vor dem Aufstehen. Danach würde man vor Tatendrang strotzend aus dem Bett hüpfen. Meinte jedenfalls Pam, die Süße, Verständnisvolle. Ich konnte mich dieser Meinung leider nicht wirklich anschließen, kämpfte aber weiterhin tapfer gegen Alter, Arthrose, Finanzprobleme und Unbeweglichkeit. Denn so lange war es mir vergönnt, die kleine Claire, die nun schon im Kinderstuhl sitzend Bananen und gekochte Süßkartoffeln zermatschte, regelmäßig zu sehen, auch wenn das eigentlich wegen Corona verpönt war.

Martin hatte natürlich bemerkt, dass seine bisher recht erfolgsgewohnte Tante auf dem besten Wege war, in Selbstmitleid zu versinken. Ja, dass vielleicht sogar eine Art Depression im Anmarsch war. Und Pam hatte mich sehr dezent auf diesen Youtube-Kanal hingewiesen, dem sie ihre schlanke Post-Baby-Figur verdanke. »Und dann das wäre doch also *what* für dick«, sagte sie und wir mussten beide lachen, weil sie »dich« wie »dick« aussprach. War ja auch was dran.

Die nächste Aufgabe, vor die Pam mich stellte, war mich auf einen Essens-Rhythmus 8–16 einzustimmen. Diese Übung, die eher mit Selbstdisziplin zu tun hatte als mit simplen Leibesübungen, nannte man neuerdings »Intervallfasten«. Dies sollte nicht nur zu schnellem Abnehmen führen, sondern auch zur Anhäufung von Immunzellen, die ein fastender Körper unweigerlich bildete, anstatt sich ständig mit Verdauung abzulenken. Das klang nicht besonders sinnenfroh, zumal ich in letzter Zeit dazu geneigt hatte, Essen als eine Art Trost aufzufassen in den Stürmen des Lebens. »*Per aspera ad astra*«, seufzte ich und Pams Lachen machte mir klar, dass ich das altsprachliche Niveau US-amerikanischer Unis nun doch deutlich unterschätzt hatte.

Pam war überhaupt sehr bildungsaffin und zum Dank dafür, dass sie mir ihr Baby anstandslos überließ und ich die Kleine, während Martin in der Praxis war, auch mal ein Stündchen selbständig hüten durfte, schenkte ich ihr ein Dauer-Abo für das Pergamonmuseum, ohne zu wissen, ob und wann die gute Nofretete dort wieder zu besichtigen sein würde. Pam wusste natürlich auch dies viel besser als ich und kehrte nach drei Stunden, in denen ich Klein-Claire mit Süßkartoffeln, Bananen und Bio-Nudeln, die sie besonders liebte, gefüttert hatte, ganz euphorisch wieder nach Hause in ihre schöne neue Altbauwohnung, praktischerweise nicht weit von mir, direkt am Prenzlauer Berg, zurück. Diese war in Coronazeiten dann auch *per pedes* erreichbar. Beim Windelnwechseln hätte ich allerdings schon etwas für den Verlust des Geruchssinns – wie dies bei Corona-Erkrankten auftrat – gegeben. Aber da musste man nun eben für rund 3 Jahre durch.

Nah gelegen, war die Wohnung der Kinder hingegen ziemlich weit von meinen altmodischen Vorstellungen von »Gemütlichkeit« und zur Schau gestellter »Kultiviertheit« entfernt. Zwar strikt zweckmäßig und ohne jeden Hang zur Darstellung und Dekorieration, dem unsere Generation noch anhing, entsprach sie dafür aber durchaus dem aktuellen Standard der Coolness und des Wiederverwertens, der in Kreisen junger Paare mit Kindern offenbar üblich war, zumindest im *place to be* Berlin-Mitte.

Im vierten Stock eines teuer gentrifizierten Altbaus des alten Ostbezirks gelegen, gleich am Prenz'lberg, mit riesigen, fast leeren Räumen, Eichen-Parkett, angesagt knarzend, weil original und weißen Wänden sowie hohen, ebenfalls schneeweißen Sprossenfenstern. Eigentlich wie meine. Nur dass diese Wohnung weder anheimelnd möbliert noch mit Vorhängen versehen war, sodass die Stimmen der Bewohner samt des Besuchs einen gewissen Hall hervorriefen.

Wenn ich da an meine ererbten Antiquitäten dachte, die in meiner Wohnung – der besseren Geltung wegen durchaus auch an weißen Wänden – aufgereiht waren … Ebenso an die mohnroten Leinen-Vorhänge, die farblich passende, italienische Couch und die vielen kleinen Reiseerinnerungen aus aller

Welt, die Martin gern »Nippes« nannte, weil sie überall im Weg herumstanden. All das schuf für mich kultivierte Atmosphäre und Heimat. Für Pam und Martin aber waren sie eher Staubfänger oder gefährlich für ein Krabbelbaby.

Ideal war diese minimalistische Umgebung vor allem aus der Perspektive von Klein-Claire, die – kaum gebremst von hinderlichen Gegenständen – zunächst überall auf dem blitzblanken Boden herumkugeln und später krabbeln konnte, was sie auch mit Verve und unglaublicher Geschwindigkeit tat. Und das Laufen-Lernen war erst recht auf ebener, freier Strecke für Kind und Eltern eine nervenschonende Wohltat. Weshalb ich mich auch gern mit der Kleinen in diesem voluminösen »Laufstall mit Hall« aufhielt, wo sie sich kaum jemals stoßen oder verletzten konnte. Auf die expressionistischen »Ölschinken« meines Großvaters, seines Urgroßvaters, die bei mir unübersehbar hingen, hatte Martin lieber verzichtet.

Gemeinsam speisten wir gern am rohen Holztisch mit Vintage-Stühlen aus buntem Plastik, die für meine laienhaften Augen eher nach Sperrmüll aussahen. Vermutlich waren sie genauso cool wie die zerrissene Jeans meines Nachwuchses. Ich fragte mich manchmal, ob Claire wohl eines Tages lieber mit Twinset, Perlenkettchen und gebügeltem Faltenrock herumlaufen würde in ihrem Juraseminar? Wer weiß, ob ich das noch erleben würde. Ohnehin musste ich mich völlig aus Fragen der Kinderaufzucht heraushalten, von der ich ja bekanntlich »keinen Schimmer« hatte, als späte Tante, die oft und gern schenkte. Trotz allem! Der Besuch einer vegetarischen Kita stand ins Haus, in der eine Erzieherin auf drei Kinder kam und wo man gesteigerten Wert auf gesunde Ernährung legte. Von dem Anspruch an naturnahe Baby- und Kindermode ganz zu schweigen, unter der Claire ausschließlich Stoffwindeln in fröhlichen Farben trug, die von einer einschlägigen Firma gebracht und gereinigt wurden. Wie gerne hätte ich den Kindern weiterhin größere Beträge zugeschoben, vor allem für meine Kleine, aber das ging zurzeit eben gerade nur in Maßen und riss dennoch jedes Mal ein Loch in meine knappe Kalkulation, was ich Pam und Martin natürlich verschwieg.

Eines Abends saß ich ausnahmsweise allein und auf meiner eigenen Couch. Der Plasma-Fernseher aus besseren Tagen dudelte vor sich hin und mein Blick fiel auf die durchaus qualitätvollen Ölgemälde, die mein Großvater mir hinterlassen und die ich auch – Beleg einer durchaus kultivierten Familiengeschichte – an prominenten Stellen platziert hatte. An den Wänden der Kinder hing hingegen gar nichts. Inzwischen hatte sich der Geschmack schon wieder gewandelt und die Jugend fand es interessant, anstelle eines Mountainbikes vor einer Ziegelwand, einige der Flächen mit Rohputz zu belassen und darauf zu warten, was der Nachwuchs mit Fingerfarben Hochbegabtes darauf hinterlassen würde. Die Fingerfarben hatte natürlich Oma angeschleppt.

Beim Einlassen auf ein Doppelporträt, das in Osteuropa sogar unter Denkmalschutz gestanden hatte, kam mir eine unerwartete Eingebung: Vielleicht würde es mir ja gelingen, manche Werke für gutes Geld an Museen zu verkaufen? Das Geld könnte dann rettend an das Finanzamt gegeben werden, bis ich mich nach der Pandemie wieder beruflich erholt hatte.

Am nächsten Tag nahm ich Mail-Kontakt mit einigen, in Frage kommenden Kunstmuseen auf und hatte tatsächlich bald einen Interessenten in einem kleineren Museum im Schwäbischen aufgetan. Im Anhang hatte ich ein Handyfoto einer sehr schönen Landschaft bei Brügge beigefügt, wo mein Großvater einige Zeit Malerei studiert hatte. Als Sohn eines Bankdirektors hatte er damals die freie Auswahl. Und nun half er mir aus der Patsche.

»Danke, Opa«, flüsterte ich und die Kehle wurde mir eng.

KAPITEL 19
HANDEL IM SCHLOSS-MUSEUM

Ich verschwieg den meisten, außer Martin, was ich vorhatte und erzählte was von einem interessanten Kunstmuseum im Schwäbischen, das ich aufsuchen wollte, weil es soeben neu eröffnet worden und ich zur Besichtigung – selbstverständlich unter Corona-Regeln – eingeladen war. Ich verabschiedete mich für ein paar Tage. Mein Katerchen Pommes wurde mit einem Riesenpott nierenfreundlichem Trockenfutter versorgt, das auch bei Hitze nicht schlecht wurde und natürlich mehreren Töpfen voller Wasser, an schattigen Plätzen aufgestellt. Das Ölgemälde meines Großvaters lag in Polsterfolie und Packpapier eingewickelt im Kofferraum.

»Danke, Opa!«, sagte ich nochmals laut und setzte mich so schwungvoll hinters Steuer, wie es meine Hüfte eben zuließ. Sie knackte, wie zur Mahnung für mein Gewissen, denn ich war im Begriff, eins meiner jahrzehntelang sorgsam gehegten Familienwerke zu verhökern, weil mir das Wasser wegen Covid bis zum Halse stand und ich auch noch alle, außer Martin, angelogen hatte.

Inzwischen war es wieder Sommer geworden, die Pandemie wütete immer noch, auch wenn man sich immerhin vorsichtig und mit Abstand im Freien treffen konnte. Als ich in dem wunderschönen alten Landschloss, das einst von Kreuzrittern auf einem Felsen mit weiter Sicht über den Neckar erbaut worden war, ankam, musste ich mich an Sicherheitsvorkehrungen halten, die jene im heimischen Berlin in schwäbischer Genauigkeit weit übertrafen. Maske war Pflicht, gebührender Abstand ebenfalls und so berührten sich nicht mal die Ellenbogen des jungen, gerade erst installierten Museumsdirektors Dr. Schäufele und mir zur Begrüßung, während wir über die Ränder unserer eng sitzenden Mund-Nase-Bedeckungen blinzelten, um wenigstens einen partiellen Eindruck vom Gesicht des Gegenübers zu erhaschen.

Der Kunst-Deal war bereits schriftlich fixiert und die Anzahlung überwiesen. Wir waren uns beide mit einer gewissen *grandezza* etwas entgegengekommen, wie sich das für den würdevollen Übergang einer großväterlichen Öllandschaft niederländischer Grachten in ein wunderschön renoviertes Museum für Kunst aus dem südöstlichen Europa geziemte. Die Übergabe konnte also stattfinden, auch wenn die Hitze betäubend war. Selten war ich so dankbar gewesen, einen Hitzetag im Juli diesseits der Klimaerwärmung ausgerechnet in einem mittelalterlichen Gemäuer, kürzlich aufwändig renoviert, verbringen zu dürfen. Der junge Museumsleiter, frisch promoviert, brannte für seine Aufgabe im Allgemeinen und für das Werk meines Großvaters im Besonderen. Er wollte mir am liebsten zuerst sein gesamtes Museum und dann die ebenfalls stilvoll renovierten Hotelzimmer des ganzen Schlosses zeigen, um mich dann natürlich auch noch in ein Lokal des mittelalterlichen Städtchens voller Fachwerkhäuser auszuführen und so die Übergabe quasi festlich zu begehen, sofern das in der Pandemie eben möglich war. Leider tat mir nach der langen Autofahrt die blöde Hüfte dermaßen weh, dass ich nicht wusste, wie ich das verbergen sollte, um nicht wie das zu erscheinen, was ich in Wahrheit war, aber als das ich nicht wahrgenommen zu werden wünschte: Eine Oma mit Arthrose, die ein Ölgemälde aus Familienbesitz verhökern muss, weil sie Geld braucht, um die Enkelkinder oder deren Eltern zu bestechen.

Ich saß also schließlich mit Dr. Schäufele auf der Terrasse eines gähnend leeren Lokals in der winkeligen Altstadt, wohin wir uns über eine steile Kopfsteinpflasterstraße in Richtung Burggraben gekämpft hatten. Der Doktor sprach überwiegend von »Konschtgeschichte« und war sehr bewandert. Glücklicherweise kam ich auf die Idee, den jungen, engagierten Herrn von meinem Schneckentempo abzulenken, indem ich ihm erzählte, wie sehr er mit seinen himmelblauen Augen und dem pechschwarzen Haar einem französischen Filmstar namens Alain Delon ähnelte, für den ich in Jugendzeiten einst geschwärmt hatte. Dr. Schäufele lächelte höflich und ein wenig geschmeichelt, aber ich merkte seinem Blick an, dass er keine Ahnung hatte, wer dieser Delong war. Er war einfach zu jung, um solche ollen Mimen noch zu kennen. Inzwischen darauf trainiert, mit Masken verhüllten Menschen ganz genau in die Augen zu sehen, konnte er vor mir nicht mehr viel verbergen. Ich berichtete ihm weiter, dass weder Tochter noch Schwiegersohn Wert auf eine Fortsetzung unserer Familiensammlung legten und ich deshalb damit anfing, dem Werk meines Großvaters eine neue Heimat in ausgesuchten Museen wie dem seinem zu bieten, damit es in der Kunstwelt weiterlebe. Kein Wort von Ebbe in der Kasse und wieder meldete sich mein Gewissen.

Zur Beruhigung malte ich mir den stolzen Kaufpreis zur Gänze auf meinem – bis dato leeren – Konto aus und bot somit einen erfreuten Gesichtsausdruck, als ich die völlig ungewürzten gebratenen Maultaschen mit Rührei und grünem Salat verspeiste, einst mein Lieblingsessen in schwäbischen Schulzeiten. Dr. Schäufele hatte mir eben diese Maultaschen angepriesen und offenbar nichts dagegen einzuwenden. Die Wirtin, die ihn zu kennen schien, fragte: »Isch's so recht?« Der Museumdirektor nickte nur kauend.

Die Hitze war unbeschreiblich, mein Schädel platzte fast und allmählich musste ich doch an den Ratschlag meiner Schulfreundin Xenia denken, die Ärztin geworden ist und mir riet, doch mal meinen Blutdruck gründlicher prüfen zu lassen, der wäre ganz sicher viel zu hoch und führe gern mal zu Herzinfarkten. Xenia war von einer Neigung zum Frohsinn ebenso weit entfernt wie unser Gesundheitsminister, bei dem man ohne weiteres eine Ankündigung von Pest und Cholera erwartete, sobald er im Fernsehen zu talken anfing. »Alain Delon« und ich hatten uns immerhin unter bunten Markisen platziert und tranken zur Feier des Tages mehr gespritzten Weißwein als es zumindest mir guttat. Denn den Rückweg zum Schlossparkplatz schaffte ich – steil bergauf – nur noch mit äußerster Mühe, indem ich von Zeit zu Zeit stehen blieb, um die schöne Perspektive auf die wunderbare Burg, die sich ohne weiteres als Filmkulisse für Hollywoodfilme eignen würde, zu genießen und so unauffällig wie möglich um Luft zu ringen.

Schließlich schleppte mich der fitte und junge Dr. Schäufele noch innerhalb des wunderbar kühlen Gemäuers durch sein weitläufiges und gut sortiertes Museum, um mir den Platz, den er bereits für die standesgemäße Hängung der Brügge-Landschaft ausgesucht hatte, zu präsentieren. Wirklich beeindruckend, besonders wenn dann die »Spots von oben und von den Seiten das Bild sensibel ausleuchten werden, um dem Betrachter die Farbgebung und Maltechnik ihres Herrn Großvaters genauer näherbringen zu können«, wie es Museumsdirektor Alain Delon formulierte, dem ganz offensichtlich ein größeres Publikum bei dieser Führung wesentlich lieber gewesen wäre.

Mein *telefonino* brummte und vibrierte in meiner Handtasche.

»Wo bist du denn, *granny*, ich versuche schon den ganzen Tag, dich zu erreichen«, sagte Martin mit leichtem Vorwurf in der Stimme. »Könntest du heute Abend vielleicht Claire übernehmen, wir haben …«

»Ähm, ich bin leider nicht zu Hause.«, antwortete ich schuldbewusst. So genau hatte ich ihm meinen Verkaufstrip nach Schwaben dann doch nicht offenbart.

»Und wo bist du, wenn ich fragen darf?« Martin hatte, seit er Vater und ich etwas älter war, eine Art Beschützerrolle auch mir gegenüber eingenommen. *Pater familias*, sozusagen.

»Ähm, ich bin in Württemberg, am Neckar«, stotterte ich. Er hatte wirklich keine Ahnung, wo ich war. Ich hatte ihm den Handel mit Opas Bild verschwiegen. So genau sollte er nicht wissen, wie dringend ich Geld brauchte. Martin spürte mein Ausweichen. »Und was machst du da?«, fragte er. Er klang etwas ungehalten.

»Gnädige Frau, vielleicht wollen wir noch ein bisschen am Neckar entlang?«, quatschte Alain Delon vernehmbar in mein Gespräch hinein.

»Wer ist denn das?«, schob Martin nach.

»Ähm, ein Museumdirektor … ich bin ja nicht mehr die Jüngste.«, versuchte ich zu scherzen. Fehlanzeige!

»Was machst du in einem Museum?« Martins Ton wurde inquisitorisch.

»Na, also hör mal …«, rechtfertigte ich mich. Nun musste ich ihn also doch einweihen: »Wie du weißt, läuft mein Job durch Corona nicht so gut und ich habe nun einem Abnehmer für eins der Bilder deines Urgroßvaters, die ihr ja leider ohnehin nicht haben wolltet.« Angriff war immer noch die beste Verteidigung. »Er zahlt mir einen sehr ansehnlichen Preis.«

»Ach so, ich verstehe. Wusste gar nicht, dass du dermaßen klamm bist, Tantchen.«, lenkte Martin sofort ein. Er wusste ja, dass ich ihn, wenn möglich, in seinem Vaterglück nicht mit meinem Kram belasten wollte. Aber nun war es raus. Irgendwie war ich erleichtert.

»Also dann bis morgen. Da bin ich zu Hause und kann wieder jederzeit eure Süße hüten! Passt auf euch auf und bleibt gesund!«

Der Museumdirektor schaute betreten. Er hatte Dinge mitbekommen, die ihn eigentlich nichts angingen. Konnte sich aber denken, dass man in diesen unruhigen Zeiten keine Familienbilder verkaufte, wenn es nicht dringend war …

Mein Herz klopfte. Und ich spürte wieder diesen komischen, scharfen Stich. Der junge Delon sagte etwas von einem Cappuccino und einem schwäbischen Rhabarberkuchen, »so oinem mit Eischnee«, wohl um mich irgendwie zu trösten, bevor ich heimfuhr. Ich hörte kaum hin. Wenn ich jetzt mit einem Infarkt tot umfiele, würde Martin es erst am folgenden Abend erfahren und es würde ihm unendlich leidtun, mich so streng befragt zu haben. Der weinerliche Gedanke, so lachhaft er war, beruhigte mich auf der ganzen Fahrt vom »Ländle« nach Berlin.

Eins wurde mir dabei klar: Ich musste dringend wieder einmal zu Josepha ins Kloster. Wo sollte ich mir denn sonst Rückendeckung holen? Ich tat mir so leid, dass mir Tränen in die Augen traten. Mal wieder ein paar Tage nicht stark und tapfer sein, das wär's doch. Mich anlehnen, Klarheit gewinnen, göttliche Übersicht – ausgeliehen von Josepha. Kaum angekommen, wählte ich Josephas Handynummer, die natürlich in meinem *telefonino* für alle Fälle gespeichert war. Ein Hauch von Frieden umfing mich augenblicklich, als ich ihre liebe Stimme hörte.

KAPITEL 20
ÜBERRASCHUNG IM KLOSTER

Die schönen, alten, weinrot gestrichenen Mauern des langgezogenen Klosterbaus beruhigten mich augenblicklich, kaum dass ich auf der Landstraße um die Ecke bog. Josephas oder gar der Heilige Geist, auf den sie so fest vertraute, schien über allem zu schweben und drang sofort in meine geplagte Seele.

Ausgerechnet am Neckar hatte Martin mich erreicht. Und nun dachte er, ich wäre kurz vor dem Bankrott. Außerdem wusste er ja immerhin andeutungsweise, dass ich mit dem Älterwerden nur sehr bedingt zurechtkam und mit den diversen Zipperlein, die das so mit sich brachte, schon gar nicht. Schließlich war er öfter dabei, wenn ich mich vom Boden mit Klein-Claire so flink zu erheben versuchte, wie noch vor kurzem. So schien es mir wenigstens. *Peu à peu* wurden auch meine Tennismatches mühsamer und die Schwünge im Tiefschnee erst recht. »Sie werden auf Dauer um die OP ihres Hüftgelenks nicht herumkommen«, sagte der energische Physiotherapeut, den ich hoffnungsfroh aufgesucht hatte, und drückte fröhlich mein angebeugtes Knie, das ich in Rückenlage frisch rasiert und eingesalbt präsentierte, so eng es ging in Richtung Wirbelsäule. Er brachte nicht mal einen rechten Winkel zustande.

Ein Übriges tat auch die inzwischen fast völlige Abwesenheit von lukrativen Coaching-Aufträgen, die dank Corona mit all den strengen Kontaktauflagen natürlich ausblieben, und weil auch kaum jemand aus meiner überwiegend weiblichen Klientel viel Lust auf Online-Seminare verspürte. Die Frauen aus meinen Seminaren waren alle in meinem Alter und betrachteten Coaching als willkommenen Anlass, sich in und nach dem Kurs ein fröhliches Widersehen mit Geschlechtsgenossinnen zu gönnen, wobei man gleich nach Seminarende in ein nahegelegenes Café eilte, um sich auch privat nochmals richtig auszutauschen und vielleicht auch etwas über die Kursleiterin herzuziehen.

Das Debakel mit dem neuen Physiotherapeuten beschleunigte meinen Entschluss, mich schnellstens für eine Woche »Stille Einkehr« bei Josepha anzumelden, zumal die Zwangsversteigerung meiner Wohnung durchaus als Realität im Raum stand. Das ganze Desaster konnte und wollte ich Martin wenn überhaupt nur teilweise und meinem fernen *latin lover* schon gar nicht eingestehen. »Schön, reich und erfolgreich«, hatte mich Luciano anfangs mal genannt und ich hatte mit falscher Bescheidenheit hinzugefügt: »…aber alt!« Ich hatte das eigentlich eher als Witz aufgefasst, damals.

Mit dem Witzemachen war es ziemlich vorbei, als ich am Abend in einer Einzelstunde bei Josepha saß. Ich gab sogar zu, dass mir die Zeit im Kloster mit ihren geringen Ausgaben zurzeit enorm entgegenkam. Und wie dringend ich Josephas gütigen, wertschätzenden Rat gebrauchen konnte, zeigten ihr die Tränen, die andauernd in meinen Augen schimmerten. Wie gut, dass sie nicht wie abgebrühte, weltliche Therapeutinnen – ich nehme mich dabei gar nicht aus – eine Kleenex-Packung in Griffnähe zur gefälligen Versorgung der Kundschaft parat hatte. Von meiner Corona-Misere in beruflicher und finanzieller Hinsicht kam ich erstaunlich schnell darauf zu sprechen, wie leicht und luftig und warm das Leben mit Luciano gewesen war – ganz hell und einfach. Das wurde mir erst wirklich klar, als ich es Josepha eingestand. Und auch zugab, dass ich ihn wohl nun tatsächlich nie wieder sehen würde: »*Nizza – il cielo!*« Er hatte es genau erfasst. Und nun war's wohl für immer vorbei mit uns. Hatte ich denn überhaupt noch so etwas wie eine Zukunft, wenn man von dem Kontakt mit Klein-Claire mal absah? Josepha hörte sich mein Gejammer geduldig an und schwieg dann lange.

»Warum melden Sie sich denn nicht einfach bei ihm?«, fragte sie schließlich sehr sachlich. »Vielleicht wartet er ja nur auf ein kleines Zeichen von Ihnen. Er ist genauso stolz und so stur wie Sie!«

»Das kann ich doch nicht, er darf ja nicht wissen, dass ich am Neckar im Museum war, um ein Bild meines Großvaters an das dortige Schlossmuseum zu verkaufen, weil ich jetzt außer meinem Hüftproblem nun auch noch pleite bin. Deshalb war es mir fast lieber, dass er sich nach einem Jahr überhaupt nicht mehr rührt.« Ich spürte wieder diesen scharfen Stich in der Herzgegend und fasste instinktiv an meine Brust.

»Haben sie Probleme mit dem Herzen?«, erkundigte sich Josepha sofort. »Wäre ja kein Wunder, bei dem Stress. Und Luciano hat wirklich keine Ahnung von ihrer Situation? Was sagt denn da ihr Neffe mit seiner Familie dazu? Haben sie denn nicht eine wunderbare Zeit mit der kleinen Claire?« Woher wusste Josepha eigentlich, wie mein Enkelkind hieß?, fragte ich mich.

»Kann Ihnen denn Martin nicht ein bisschen unter die Arme greifen, obwohl er ja jetzt Familie hat? Sie können doch nichts für die Pandemie! Vielen Selbständigen geht es jetzt wie Ihnen!«

»Auf keinen Fall, er hat gerade eine neue Praxis eingerichtet, weil er ja jetzt Familienvater ist, und Pam möchte auch noch weitere Kinder. Sie ist Amerikanerin, wissen sie … und die stehen nicht so auf Einzelkinder.«

»Und was tun sie gegen ihren hohen Blutdruck?« Hatte ich meinen viel zu hohen Blutdruck Josepha gegenüber eigentlich schon erwähnt? Erstaunlich, was sie alles wusste. Aber egal: Einfach bei ihr zu sein, ließ meine ganzen Sorgen von Minute zu Minute schrumpfen, als wenn ich sie plötzlich durch ein umgedrehtes Fernglas betrachtete. In Josephas Nähe war jedes Problem zu bewältigen, das spürte ich im Moment ganz deutlich. Mit Gottes Hilfe, wenn nötig, das war klar. Und mir war es sogar wieder zum Scherzen zumute: »Notfalls komme ich auf Ihr Angebot zurück und trete als älteste Novizin aller Zeiten ins Kloster ein«, witzelte ich. »Dürfte ich denn dann immer mal raus, um meine Enkelin zu sehen?« Josepha lachte so ungehemmt und herzlich wie immer.

»Natürlich, liebe Schwester Sabine,« sagte sie, »aber ob Herrenbesuch bei uns erlaubt ist, das möchte ich doch entschieden verneinen!« Josepha lachte jetzt sehr spitzbübisch über das ganze Gesicht. »Vielleicht haben sie ja Lust, nachher der netten Schwester Barbara ein bisschen beim Unkrautjäten zu helfen? Das ist eine sehr beruhigende Tätigkeit. Die erdet einen sehr schnell!« Und da war schon wieder dieses verschmitzte Lächeln, das Josepha vortrefflich kleidete. Ihr liebes Gesicht, eingerahmt von ihrer Nonnentracht, schien nahezu zu leuchten.

Ich half Schwester Barbara, die auch nicht mehr die Jüngste war, also sehr eifrig beim Unkrautjäten im Klostergarten, geriet mit ihr ins Plaudern und beugte mich mit erstaunlicher Leichtigkeit in der Hüfte. Ob diese friedliche Atmosphäre das ermöglichte? Dabei hatte ich meine Reisetasche doch noch gar nicht ausgepackt im Gästehaus, wo die Teilnehmerinnen der »Kurzen Rast« jetzt nach und nach eintrafen: Frauen aller Altersklassen, die für ein paar Tage eine Auszeit suchten von ihrem geschäftigen Leben außerhalb der Klostermauern. Die Kräuter im Gemüsegarten dufteten, Bienen umschwirrten sie und meine Probleme waren ganz weit weg.

»Zufrieden jauchzet Groß und Klein, hier bin ich Mensch, hier darf ich's sein«, zitierte ich Goethes Osterspaziergang. Schwester Barbara horchte auf und strich mit gemächlichen Bewegungen ihr langes Nonnengewand glatt.

»Wieso dürfen sie denn sonst nirgends einfach Mensch sein?«, fragte sie. Ob sie eine Ahnung vom Lebenskampf jenseits der Klostermauern hatte? Da lenkte mich ein lautes, knatterndes Auspuffgeräusch, das mir irgendwie bekannt vorkam, ab. Wer hier wohl so eine Kiste fuhr? Ich drehte mich um und sah auf der Landstraße einen dunkelgrünen Geländewagen sehr gemächlich herantuckern. Ich stand wie angewurzelt, in der linken Hand einen dicken Buschen ausgerupften Unkrauts, die rechte voller dunkler Erde und die Knie meiner Jeans ebenfalls. Die Haare hingen mir ins erhitzte Gesicht.

»*Tesoro!*«, rief Luciano schon von weitem. Die Fahrertür seiner Rostlaube ging nur durch einen heftigen Ruck seiner Schulter auf. Er stürmte mitten im Klostergarten an der verblüfften

Barbara vorbei auf mich zu, riss sich die lästige Maske vom Gesicht und schloss mich in seine Arme, dass meine Rippen schmerzten. »Habe von Martin gehört, du biste hirr«, schnaufte er. »Unde auch, dass du Probläm hast. Mich brauchen! Nix mehr Probläm! Habe vom Stiefvater Häuschen geerbt am Meer. Du musste gar nixe mehr machen! Seeluft sehr gut für Härz und warme Wasser fir Knochen! Unde Luciano fir alles sowieso!«

»Du hast ja immer noch deine alte Rostlaube«, sagte ich dümmlich. Ich war völlig fassungslos.

»Der hatte jetzt neue Reifen und das TÜV«, lachte Luciano und ich bemerkte, dass er immer noch seine Klamotten in alten Obstkisten auf dem Rücksitz herumkarrte.

»Brauche nix anderes. Wolle lebe, liebe, lachen. Aber mitte dir!« Er ließ mich so abrupt los, dass ich fast das Gleichgewicht verlor und machte sich mit eifrigster Selbstverständlichkeit selbst daran, Unkraut zu zupfen. Die Nonnen guckten aus den Fenstern im ersten Stock. Der Motor war immer noch nicht abgestellt. Der Auspuff knallte. Wie hatte er es nur geschafft, mit diesem Gefährt von Nizza nach Niederbayern zu tuckern?

Plötzlich richtete sich Luciano auf, stellte sich am Beetrand in Positur und schmetterte los: »Mit 70 haaat man noch Träumää, da wachsen noch allä Bäumää … in den Himmel der Liebäää!«

Da stand er und strahlte siegessicher um sich, wie Pavarotti nach dem hohen C. Ich stutzte: Keine Zahnlücke mehr! Dafür blitzte etwas in seinem Mund auf.

»Oh Gott, ein Goldzahn! Das fängt ja schon wieder gut an …« Und dann warf ich mich in seine Arme.

In der Toreinfahrt zum Klosterbau sah ich noch Schwester Josepha stehen. Sie lächelte.

Druck:
CPI Druckdienstleistungen GmbH
im Auftrag der
Zeitfracht GmbH
Ein Unternehmen der Zeitfracht - Gruppe
Ferdinand-Jühlke-Str. 7
99095 Erfurt